肢体不自由教育実践
授業力向上シリーズ No.12

「肢体不自由のある児童生徒のための授業」を究める

監修：菅野 和彦 文部科学省初等中等教育局視学官
　　　　　　　（併）特別支援教育課特別支援教育調査官
編著：全国特別支援学校肢体不自由教育校長会

磨き続ける授業実践と蓄積の継承
自立活動の指導を要とした各教科等の指導

ジアース教育新社

―― 巻頭のことば ――

授業力向上シリーズNo.12の発刊にあたって

　全国特別支援学校肢体不自由教育校長会（以下、全肢長）が編集・発行している「肢体不自由教育実践 授業力向上シリーズNo.12」を皆さまにお届けできることをとてもうれしく思います。

　本シリーズは、肢体不自由校の「原点」である「身体の動き」等に困難さのある児童生徒の授業において、大切にされてきた教育実践を次世代の教員に継承することを目的としています。

　このシリーズのNo.1の巻頭には、「全国の肢体不自由特別支援学校の最新の授業実践を世の中に広く情報発信することです。そして、全国レベルでこの肢体不自由教育の教育活動の充実を考えていく一つの契機としたいことです。」とあります。また、「このことが日々の授業改善につながり、授業力の向上になるものと確信しています。」とも記されています。

　ここ数年、学校では多くの経験豊富なベテラン教員が退職を迎え、若手教員や他校種から異動してきた教員が増えています。また、通常の学校においても特別支援教育に関するニーズが増えている中、特別支援教育に関わる教師の専門性の向上が国全体の課題となっています。特に、経験の浅い教員が悩んでいる、障害が重度の児童生徒にどのように対応したらよいのか、教科の授業はどのように計画していったらよいのか、などに応えるものが必要です。

　コロナ禍の期間、学校では異なる集団との接触の機会をできるだけ避けて教育活動を継続しており、校内でも授業を見合う機会がありませんでした。さらに、外部を招いた研究授業や先進校への学校見学、公開研究会などが制限され、切磋琢磨する機会がありませんでした。これからは、教員が特別支援学校に求められている専門性を担保し次のステップを目指すため、よい授業実践を発信し、自己研鑽をする機会を作り出していく必要があります。それに応えるべく全肢長は、コロナ禍でもこの「授業力向上シリーズ」を継続し、今回No.12となったことには意味があります。現在全国の肢体不自由特別支援学校で日々奮闘されている先生方への全肢長からのエールでもあります。

　さて、本書No.12のテーマは、「『肢体不自由のある児童生徒のための授業』を究める」です。このテーマに基づいて、理論と実践の両面から深く掘り下げる内容となっています。日々の授業を計画・実施する際の参考となる自立活動と各教科の関連について分かりやすく、実践事例を通して具体的なポイントを示すものとなっています。

　本書は、第1部理論及び解説編、第2部実践編の2つに分かれています。実践編から読み進めていただいてもかまいません。そのあとは、是非、理論と解説編も読んでみてください。各事例が、特別支援学校学習指導要領が示す自立活動との関連に基づいた実践であることを理解していただけると思います。

　第1部理論及び解説編では、「肢体不自由のある児童生徒の障害特性を踏まえた自立活動の指導の充実」をテーマに、文部科学省初等中等教育局視学官（併）特別支援教育課特別支援教育調査官の菅野和彦先生にご執筆いただきました。また、「肢体不自由のある児童生徒の認知・コミュニケー

ションの支援」については、国立特別支援教育総合研究所上席総括研究員（兼）研修事業部長の吉川知夫先生にご執筆いただきました。さらに、「重度・重複障害のある児童生徒の自立活動」については、日本体育大学教授の長沼俊夫先生にご執筆いただきました。それぞれの先生方には御多忙の中、国の方向性、研究の動向などを踏まえながら、分かりやすく解説していただきました。心より感謝申し上げます。

　第２部実践編では、自立活動の時間の指導と、各教科等の時間における自立活動との関連の事例として全国から寄せられた授業実践の中から22の事例を取り上げました。紙面の関係で掲載できなかった事例も多数ありました。御容赦いただければと思います。

　これら掲載した授業実践に対して、次の方々にコメントをいただきました。筑波大学教授・筑波大学附属大塚特別支援学校長の川間健之介先生、元筑波大学教授・元筑波大学附属桐が丘特別支援学校長の下山直人先生、横浜国立大学教授の徳永亜希雄先生、文教大学准教授の北川貴章先生、国立特別支援教育総合研究所研修事業部主任研究員の杉林寛仁先生、国立特別支援教育総合研究所研修事業部主任研究員の藤本圭司先生、国立特別支援教育総合研究所情報・支援部主任研究員の織田晃嘉先生です。この先生方のコメントにより、各授業実践の意義や具体的な自立活動との関連について、さらに今後の改善点についての具体的な指針が示されており、本書の内容がより一層充実したものとなっています。

　そして、本書の発刊にあたり、貴重な知見と時間を提供してくださった執筆者の皆様には、特に、読者にポイントを分かりやすく示すため、幾度となく原稿の見直しをしていただきました。感謝申し上げます。そして、本書の編集に際して快く事例を提供してくださった全国特別支援学校肢体不自由教育校長会の校長先生方にも、心からの感謝の意を表します。

　最後に、本書が肢体不自由のある児童生徒の教育に携わるすべての教員の授業力の向上に寄与し、肢体不自由特別支援学校において実践的かつ効果的な指導が行われることを心より願っております。そして、肢体不自由のある児童生徒が、自らの可能性を最大限に発揮し、充実した学校生活を送ることができるよう、これからも私たち一同が一丸となって努力してまいりましょう。

全国特別支援学校肢体不自由教育校長会
会長　島添　聡

目　次

巻頭のことば
授業力向上シリーズNo.12の発刊にあたって
　　　　　　　　　　　　全国特別支援学校肢体不自由教育校長会　会長　島添　聡

第1部　理論及び解説編

第1章　肢体不自由のある児童生徒の障害特性を踏まえた自立活動の指導の充実
　　　　　　　文部科学省初等中等教育局　視学官
　　　　　　　（併）特別支援教育課特別支援教育調査官　菅野　和彦　　8

第2章　肢体不自由のある児童生徒の認知・コミュニケーションの支援
　　　　　　　国立特別支援教育総合研究所　上席総括研究員（兼）研修事業部長　吉川　知夫　　16

第3章　重度・重複障害のある児童生徒の自立活動
　　　　　　　日本体育大学　教授　長沼　俊夫　　22

第2部　実践編

【教科指導の部】

1　災害に対する理解や意識を高めるための授業実践
　　～ICTの活用を通して～　　茨城県立下妻特別支援学校　教諭　伏見　佑太　　30

2　ICT機器を活用した数学科の指導と工夫
　　～自発的な学びを目指して～　　千葉県立銚子特別支援学校　教諭　米本　和弘　　35

3　学ぶ意欲を大切にした数学科の指導
　　～認知教材のスイッチ化による工夫～　　埼玉県立越谷特別支援学校　教諭　青栁　憲充　　40

4　わかる・できる・楽しい「音楽」
　　～教科であり自立活動でもある授業づくり～
　　　　　　　埼玉県立和光特別支援学校　教諭　神谷　幸彦　　45

5　自分の体の動きに意識を向ける体育の授業
　　～「ボールで遊ぼう　玉入れをしよう」～　　東京都立光明学園　主任教諭　吉田　光伸　　50

6	児童が主体的に取り組む図画工作 〜光と色のファンタジー〜	東京都立光明学園　主任教諭　飯田　万裕	55
7	「言葉で一体感を味わおう」 〜詩「き」の世界〜	東京都立光明学園　主任教諭　赤松　亜希	60
8	自立活動の視点を活かした教科「国語」の指導 〜教科書「こくご☆」を教材に〜	東京都立小平特別支援学校　指導教諭　椎名　久乃	65
9	視線で選ぶ文字構成の学習 〜自立活動の指導と密接な関連を図った国語科の実践〜 東京都立墨東特別支援学校　主任教諭　髙塚　健二		70
10	諸感覚を意識した教材の改善と効果 〜こくご・さんすうの授業を通して〜	東京都立志村学園　主任教諭　宇都宮　香織	75
11	実感を伴った算数の工夫 〜児童が自分でかずをつくる指導を通して〜 山梨県立甲府支援学校　教諭　窪田　瑞生		80
12	「なかまづくりとかず」 〜自ら操作する活動を通して〜	富山県立富山総合支援学校　教諭　野畑　万里子	85
13	デジタル絵本を活用した思考力・判断力・表現力を育む授業づくり 〜自立活動の視点を大事にした国語科の取組〜 島根県立松江清心養護学校　教諭　奥村　健介		90

【自立活動の部】

14	児童が「自分の思いを伝える力」を高めるための実践 〜表情、視線、身体の動きを活用して〜	福島県立郡山支援学校　教諭　矢吹　恭子	96
15	学習や生活への汎化を目指した自立活動の時間における指導 〜課題関連図を活用して〜	筑波大学附属桐が丘特別支援学校　教諭　岡田　奈美	101

16　中学部生徒を対象とした身体ケアの習慣化を図る指導
　　～「身体の学習」と「テーマ学習」～
　　　　　　　　　　　　筑波大学附属桐が丘特別支援学校　教諭　村主　光子　　106

17　手を使った活動に意欲的に取り組むための実践
　　～感覚の活用に焦点をあてた実態把握～　富山県立高志支援学校　教諭　上村　好美　　111

18　本人の願い「自分で決めたい」を形に
　　～タブレット端末を活用して～　　静岡県立中央特別支援学校　教諭　高木　美保子　　116

19　少し先の育ちを見通した学びに向かう力を育む指導の工夫
　　～「活動の終わり」の理解に着目して～
　　　　　　　　　　　　島根県立江津清和養護学校　教諭　桑野　健次・塩塚　恵太　　121

20　姿勢の保持・肘ばいから「かく」ことにつなぐ
　　～時間における指導での学びを各教科に生かす～
　　　　　　　　　　　　　長崎県立諫早東特別支援学校　教諭　大町　美緒　　126

21　肢体不自由のある重複障害児へのプール学習
　　～自立活動の視点からの実践～　鹿児島県立鹿児島南特別支援学校　教諭　森田　哲也　　131

22　外部専門家との連携を生かした自立活動の取組
　　～障害の状態等の正しい理解と教師の専門性向上を目指して～
　　　　　　　　　　　　　鹿児島県立鹿児島特別支援学校　教諭　田中　麻友子　　136

監修・編集協力・編集委員一覧
執筆者一覧

第1部

理論及び解説編

1. 肢体不自由のある児童生徒の障害特性を踏まえた自立活動の指導の充実

2. 肢体不自由のある児童生徒の認知・コミュニケーションの支援

3. 重度・重複障害のある児童生徒の自立活動

肢体不自由のある児童生徒の障害特性を踏まえた自立活動の指導の充実

文部科学省初等中等教育局　視学官
（併）特別支援教育課特別支援教育調査官　菅野　和彦

はじめに

　肢体不自由のある幼児児童生徒（以下、「児童生徒」）の障害の状態や特性及び心身の発達の段階等（以下、「障害の状態等」）は、個人差が大きいことから、個々の実態に即した授業を展開することが求められます。そのため、肢体不自由とは、どのような障害で、どのような疾患等と関連することが多いのか、さらには、それらに伴う困難が、学習上、生活上にどのような影響を及ぼしやすいかなど、医学的側面と心理学的、教育的側面から、個々の児童生徒の状態等を把握し、理解しておくことが欠かせません。また、本書タイトルにある「肢体不自由のある児童生徒のための授業」を究めるためには、個別の指導計画の作成を通じた自立活動の指導の充実が必要条件です。
　そこで、本稿では、「自立活動」の前身となる「養護・訓練」の創設から「自立活動」への変遷の概要や自立活動の本質や基本等について確認するとともに、学校の教育活動全体を通じて行う自立活動と各教科等との密接な関連を図ることの重要性について解説します。

1　肢体不自由とは

　肢体不自由とは、「身体の動きに関する器官が、病気やけがで損なわれ、歩行や筆記などの日常生活動作が困難な状態」をいい、身体の動きに関する器官には、骨、関節、筋肉、神経があります。また、医学的には、発生原因のいかんを問わず、四肢体幹に永続的な障害があるものを、肢体不自由といいます。
　肢体不自由特別支援学校には、中枢神経の損傷による神経疾患である脳性まひを主とした脳原性疾患、二分脊椎、水頭症、進行性筋ジストロフィー、骨・関節の疾患として外傷後遺症や骨形成不全症などの骨系統疾患のある児童生徒が在籍し、中でも脳性まひが多くを占めます。そのため、脳性まひの神経症状による病型分類の痙直型、アテトーゼ型、失調型、固縮型それぞれの特徴を理解しておくことが大切となります。また、脳性まひは、肢体不自由だけの単一障害であることは少なく、視覚、聴覚、言語の障害や、知覚・認知、てんかんなど、種々の随伴障害を併せ有する場合が多く、学習上又は生活上において様々な困難さが伴うことになります。
　このことは、肢体不自由がもたらす困難さの他に、例えば、見えにくさや言語の表出に配慮されずに学習してしまうことで、ものを正しく捉えられずにものと名称が結び付きにくかったり、伝えたいことがうまく伝わらず、表出することに対して消極的になったりして言葉の獲得や理解に遅れが生じたりするなどの様々な問題が存在することとなります。

このような状態は、学習上又は生活上の困難さに影響を及ぼすとともに、その困難の状態は一人一人異なっているため、それぞれの障害特性を踏まえ、学習上又は生活上においてどのような困難があるのか、補助的手段の活用によってどの程度軽減されるのかといった点などから、障害による学習上又は生活上の困難を改善・克服するための工夫や、自分の可能性を生かす能力などを検討し、適切な指導や必要な支援に結び付けることが求められます。

　このことは、まさしく心身の調和的発達の基盤を培う自立活動の指導が重要であることを意味しており、前述したように「肢体不自由のある児童生徒のための授業」を究めるためには、個別の指導計画の作成を通じた自立活動の指導の充実が欠かせません。なお、上記の肢体不自由のある児童生徒の障害特性や教育的ニーズの把握等については、文部科学省ホームページ、及び文部科学省初等中等教育局特別支援教育課著「障害のある子供の教育支援の手引～子供たち一人一人の教育的ニーズを踏まえた学びの充実に向けて～」（令和3年6月30日）が、書籍化されているので参照してください。

2　自立活動の目標について

　現在の特別支援学校小学部・中学部学習指導要領及び特別支援学校高等部学習指導要領（以下、「学習指導要領」とする）に規定されている自立活動の目標を次に示します。

> 個々の児童又は生徒が<u>自立</u>を目指し、障害による<u>学習上又は生活上の困難を主体的に改善・克服する</u>ために必要な知識、技能、態度及び習慣を養い、もって<u>心身の調和的発達の基盤を培う</u>。
>
> ※傍線は、筆者によるもの

　当然のことではありますが、自立活動の指導をするに当たっては、目標で示している言葉の意味を正しく理解することが重要となります。

　傍線で示した「自立」とは、児童生徒がそれぞれの障害の状態や発達の段階等に応じて、主体的に自己の力を可能な限り発揮し、よりよく生きていこうとすることを意味しています。ここで大切にしたいことは、個別の指導計画を作成する中で設定した指導目標や具体的な指導内容の全ては、ここでいう「自立」を目指した教育活動であるということです。設定した具体的な指導内容が、児童生徒にとって、主体的に自己の力を可能な限り発揮できる指導内容で、よりよく生きていこうとすることにつながる指導内容を設定できるように、個別の指導計画の作成過程を含めた授業改善の習慣をもつことが重要と考えます。

　次の「障害による学習上又は生活上の困難を主体的に改善・克服する」とは、児童生徒の実態に応じ、日常生活や学習場面等の諸活動において、その障害によって生ずるつまずきや困難を軽減しようとしたり、障害があることを受容したり、つまずきや困難の解消のために努めたりすることを意味しています。このことは、障害によって生ずるつまずきや困難は何かという実態把握と課題の整理、課題同士の関連を図ることの必要性とともに、個々の児童生徒の発達の段階に応じて、障害の受容や障害を改善・克服しようとする意欲、自立活動を学ぶ意義などを踏まえ、指導していくことが重要と考えます。

　最後の「心身の調和的発達の基盤を培う」とは、一人一人の児童生徒の発達の遅れや不均衡を改

善したり、発達の進んでいる側面を更に伸ばすことによって遅れている側面の発達を促すようにしたりして、全人的な発達を促進することを意味しています。このことを初期の発達の段階にある重複障害の児童の場合で考えてみましょう。例えば、個人内で発達の進んでいる社会的な発達の側面に着目して、児童が好む関わりを基盤としながら、身近な人の存在への気付きや、その相手と安心できる関係を築き、人と関わることの楽しさを知り、身近な人への要求を動作として引き出しながら、教師との簡単な言葉でのやりとりに発展していくような運動・動作、コミュニケーションの発達の諸側面を相互に関連付けながら指導するなどして、全人的な発達を促進していくことを念頭に置きながら指導していくことが考えられます。

　このように、障害による学習上又は生活上の困難を、例えば、「文字を読むことに困難さやつまずきがあるから、読めるようにする」といった表面的、一面的に捉えた課題を指導目標として設定して指導するものではなく、個別の指導計画の作成を通じて、個々の児童生徒の困難さやつまずきの背景や要因を考えたり、課題同士の関連等を検討したり、見直したりすることにより、全人的な発達を促す自立活動の指導の充実が図られていくのです。

3　自立活動の前身となる「養護・訓練」の創設について

　昭和38・39年の養護学校学習指導要領においては、肢体不自由養護学校小学部の「体育・機能訓練」（中学部は「保健体育・機能訓練」）、病弱養護学校小学部の「養護・体育」（中学部は「養護・保健体育」）等において行われていました。

　これらは、系統的・継続的な指導には至らなかったものの、障害のある児童生徒の教育の大切な指導内容として、障害を改善・克服するための指導として認識され、教科の中で指導が行われていました。こうした各学校におけるこれまでの実践を踏まえて、昭和45年10月にまとめられた教育課程審議会の答申で、次のように提言されました。

> 　心身に障害を有する児童生徒の教育において、その障害からくる種々の困難を克服して、児童生徒の可能性を最大限に伸ばし、社会によりよく適応していくための資質を養うためには、特別の訓練等の指導が極めて重要である。これらの訓練等の指導は、ひとりひとりの児童生徒の障害の種類・程度や発達の状態等に応じて、学校の教育活動全体を通して配慮する必要があるが、さらになお、それぞれに必要とする内容を、個別的、計画的かつ継続的に指導すべきものであるから、各教科、道徳および特別活動とは別に、これを「養護・訓練」とし、時間を特設して指導する必要がある。

　この答申を受けて、昭和46年の学習指導要領の改訂において「養護・訓練」が新設されました。前述の答申にある「その障害からくる種々の困難を克服して、児童生徒の可能性を最大限に伸ばし、社会によりよく適応していくための資質を養う」は、表現の違いはあるものの、前述した「自立」の定義と同じであることが分かります。また、後述する学習指導要領（第１章第２節の２の(4)）の「学校における自立活動の指導は、障害による学習上又は生活上の困難を改善・克服し、自立し社会参加する資質を養うため」にもつながっています。さらには、「個別的、計画的かつ継続的に指導すべきものである」は、各学校の創意工夫により作成されていましたが、平成11年改訂で個別の指導計画を作成することが明確に規定され、「自立活動」とは、どのような指導なのかに係る本質は変わらず、今日に至っています。

4 養護・訓練から自立活動へ（目標及び内容の変遷）

表は、昭和46年から現在の学習指導要領までの自立活動の目標及び内容の変遷をまとめたものです。これ以降、改訂の要点を述べることとします。

表　養護・訓練から自立活動へ（自立活動の目標及び内容の変遷）

改訂年	領域名	目標	内容	改訂に関係する施策・社会的背景等
昭和46年	養護・訓練	児童または生徒の心身の障害の状態を改善し、または克服するために必要な知識、技能、態度および習慣を養い、もって心身の調和的発達の基盤をつちかう。	心身の適応（項目3） 感覚機能の向上（項目3） 運動機能の向上（項目3） 意思の伝達（項目3）	・特別の指導領域としての位置付け ・障害種別による学習指導要領
昭和54年	養護・訓練	児童又は生徒の心身の障害の状態を改善し、又は克服するために必要な知識、技能、態度及び習慣を養い、もって心身の調和的発達の基盤を培う。	変更なし	・養護学校義務制 ・共通の学習指導要領
平成元年	養護・訓練	目標の変更なし	身体の健康（項目3） 心理的適応（項目3） 環境の認知（項目3） 運動・動作（項目5） 意思の伝達（項目4）	・昭和55年WHOが、「国際障害分類（ICIDH）」採択（インペアメント、ディスアビリティ、ハンディキャップ） ・昭和56年国際障害者年 ・昭和58年から平成4年国連・障害者の十年
平成11年	自立活動	個々の児童又は生徒が自立を目指し、障害に基づく種々の困難を主体的に改善・克服するために必要な知識、技能、態度及び習慣を養い、もって心身の調和的発達の基盤を培う。	健康の保持（項目4） 心理的な安定（項目4） 環境の把握（項目4） 身体の動き（項目5） コミュニケーション（項目5）	・国際的な動向（国際的な障害者に対する取り組みが加速） ・平成5年障害者基本法改正（障害者の自立と社会、経済、文化その他あらゆる分野の活動への参加の促進を規定） ・「自立」の概念の広義な捉え
平成21年	自立活動	個々の児童又は生徒が自立を目指し、障害による学習上又は生活上の困難を主体的に改善・克服するために必要な知識、技能、態度及び習慣を養い、もって心身の調和的発達の基盤を培う。	健康の保持（項目4） 心理的な安定（項目3） 人間関係の形成（項目4） 環境の把握（項目5） 身体の動き（項目5） コミュニケーション（項目5）	・平成13年WHOが、従来のICIDHの改訂版として「国際生活機能分類（ICF）」を採択 ・平成19年特殊教育から特別支援教育へ ・学校教育法第72条改正（平成19年4月施行）
平成29年	自立活動	目標の変更なし	健康の保持（項目5） 心理的な安定（項目3） 人間関係の形成（項目4） 環境の把握（項目5） 身体の動き（項目5） コミュニケーション（項目5）	・平成26年「障害者の権利に関する条約」批准

※太字、下線は、改訂時に新たに規定されたもの。

（1）名称の変更と社会的背景

平成11年改訂以前の国際的な障害者に係る動向としては、昭和55年WHOにて「国際障害分類（ICIDH）」を採択、昭和56年の「国際障害者年」、昭和58年から平成4年までの「国連・障害者の十年」など、国際的な障害者に対する取組とともに、国内では平成5年に障害者基本法の改正が行

われるなど、障害者施策等の変化が著しい時期でした。そのような世界的な動向の中、障害者の「自立」の概念が従前よりも広く捉えられるようになるとともに、児童生徒の障害の重度・重複化、多様化や医療的ケアなど、当時の特殊教育諸学校に在籍する児童生徒の実態が大きく変化している時期でもありました。

このような背景から、平成10年にまとめられた教育課程審議会の答申を踏まえ、平成11年改訂において名称が変更され、同解説（自立活動編）で、次のように解説しています。

> この領域は本来、児童生徒の主体的な取組を促す教育活動であるが、一般的に「養護」も「訓練」も受け身的な意味合いが強いと受け止められることがあること、また、この領域が一人一人の児童生徒の実態に対応した活動であることや自立を目指した主体的な取組を促す教育活動であることなどを一層明確にする観点から、「養護・訓練」という名称を「自立活動」に改めた。

このことは、現在の学習指導要領においても踏襲されており、前述した「自立」の意味や、「主体的な取組を促す教育活動であること」を再度確認いただきたい。

さて、この受け身的な意味合いが強いとされた「訓練」について考えてみます。自立活動の指導は、個々の児童生徒の実態把握に基づいて得られた指導すべき課題相互の関連を検討して指導目標を設定し、それらを達成するために必要な項目を選定し、それらを関連付け、具体的な指導内容を設定した個別の指導計画を作成することとなります。しかし、このような作成過程を経ることなく、表面的、一面的な困難やつまずきを課題と捉え指導していたり、困難やつまずきに関係しそうな内容にある項目をそのまま指導内容として指導していたり、「○○の状態にある児童には、○○トレーニング（訓練）をする」など、指導方法ありきで指導していたり、個々の実態に着目することなく集団で行うことを前提とした指導計画が作成されていたりする場合には、早急の改善が必要となります。

（2）目標の変遷（概要）

表にあるように、昭和46年から平成元年改訂までは、漢字表記の変更のみでしたが、平成11年改訂、そして平成21年改訂において大きく見直されています。

平成11年改訂では、平成元年改訂まで示していた「児童又は生徒」を「個々の児童又は生徒」に、「児童又は生徒の心身の障害の状態を改善し、又は克服するため」を「障害に基づく種々の困難を主体的に改善・克服する」に改められています。このことは、個々の児童生徒が自立を目指し、障害に基づく種々の困難を主体的に改善・克服しようとする取組を促す教育活動であることがより明確になるようにするために改められたものです。

また、重度・重複、多様化を踏まえ、「困難の克服」を目標として掲げることが適当でない場合もあることなどを踏まえ、個々の実態に即して、その障害に基づく種々の困難の軽減又は改善を目標に含めることが適当であることを明らかにするため、「克服」を「改善・克服」に改めています。

平成21年改訂では、平成11年改訂で示していた「障害に基づく種々の困難を主体的に改善・克服するため」を「障害による学習上又は生活上の困難を主体的に改善・克服するため」に改訂しています。このことは、学校教育法第72条の改正（特別支援教育が法的に位置付けられた学校教育法の改正）を踏まえ改められたものです。

（3）内容の変遷（概要）

　表の内容にあるように、平成元年改訂と平成11年改訂、平成21年改訂、平成29年改訂において改善されています。

　紙幅の関係上、改訂年度ごとの解説詳細は割愛しますが、総じていえば、内容の示し方を分かりやすく具体的にイメージしやすくなるようにするとともに、発達障害や重複障害を含めた障害のある児童生徒の多様な障害の種類や状態等に応じた指導を一層充実する観点から改善が行われてきたことが分かります。なお、「内容」は、人間としての基本的な行動を遂行するために必要な要素と、障害による学習上又は生活上の困難を改善・克服するために必要な要素で構成しており、それらの代表的な要素である27項目を「健康の保持」「心理的な安定」「人間関係の形成」「環境の把握」「身体の動き」及び「コミュニケーション」の６つの区分に分類・整理したものであり、指導内容のまとまりを示しているものではないことに留意していただきたい。

（4）「心身の調和的発達の基盤を培う」ことについて

　改訂を重ね変遷してきた目標や内容ですが、昭和46年から変わらない言葉として、「心身の調和的発達の基盤を培う」があります。50年以上の時を経ても、障害のある児童生徒に対して特別な指導をする上で大切にされてきたことが分かるとともに、自立活動の本質が、この言葉に集約されているといえます。

　昭和46年改訂の同解説（肢体不自由教育編）では、「『心身の調和的発達の基盤をつちかう』とある。これは、養護・訓練では、各教科、道徳及び特別活動での指導が効果的に行われるように、児童、生徒の心身の準備を整えることが中心となることを示している。」としています。

　昭和54年改訂の同解説（肢体不自由教育編）では、「小学校や中学校における教育課程の領域である各教科、道徳及び特別活動の三領域だけでは、心身に障害をもつ児童生徒の調和的発達を目指すことは困難である。したがって、これら三領域の指導に加えて、障害ゆえに生じやすい心身の発達のひずみや困難について適切に指導し、全人的な発達の促進を図ることが必要となる。このような役割を担っているのが、養護・訓練である。すなわち、養護・訓練においては、各教科、道徳、特別活動の指導だけでは不十分とされる発達のつまずきや困難の諸側面の指導を行うことになる。そこに「心身の調和的発達の基盤を培う」ことが目標となる。」としています。

　平成11年改訂の同解説（自立活動編）では、「一人一人の児童生徒の発達の遅れや不均衡を改善したり、発達の進んでいる側面を更に伸ばすことによって遅れている諸側面の発達を促すようにしたりして、全人的な発達を促進することを意図している。」としており、現行の学習指導要領においても同様に解説しています。

　つまり、「養護・訓練」の新設から現在の「自立活動」に通底していることは、小中学校等と同様に「人間として調和のとれた育成」を目指すこととなりますが、障害のある児童生徒は、日常生活や学習場面において様々なつまずきや困難が生じやすいこととなります。また、そのつまずきや困難は、個々によって個人差が大きいことから、一人一人の児童生徒の発達の遅れや不均衡を改善したり、発達の進んでいる側面を更に伸ばすことによって遅れている諸側面の発達を促すようにしたりして、全人的な発達を促進する「調和的な発達の基盤を培う」ことが、自立活動の指導の根幹であることを理解していただきたい。

5 「学校の教育活動全体を通じて適切に行う」ことについて

　学習指導要領第1章第2節の2の(4)の前段には、「学校における自立活動の指導は、(中略)自立活動の時間はもとより、学校の教育活動全体を通じて適切に行うものとする。」ことが規定され、後段には、「特に、各教科、道徳科、外国語活動、総合的な学習の時間及び特別活動と密接な関連を保ち、適切な指導計画の下に行うよう配慮する。」ことが規定されています。

　このことは、自立活動の重要性に鑑み、自立活動の時間の指導を中心とし、学校の教育活動全体を通じて行うことの必要性を強調したものです。ここで留意いただきたいことは、各教科、道徳科、外国語活動、総合的な学習の時間及び特別活動には、それぞれの目標があり、それらの目標の達成を著しく損なったり、目標から逸脱したりすることのないようにすることです。その際、前述したように、「人間として調和のとれた育成」を目指していくこととなりますが、障害のある児童生徒は、日常生活や学習場面において様々なつまずきや困難が生じやすくなることから、心身の調和的発達の基盤を培う自立活動の個別の指導計画で整理した実態や具体的な指導内容との関連を図る必要があることを忘れてはなりません。

　特に「密接な関連を保つ」という点からは、自立活動の指導目標の達成に迫る指導なのか、自立活動の観点から必要な配慮なのかについて整理することが大切となります。例えば、知的障害を併せ有する肢体不自由のある児童が、特別支援学校小学部の生活科1段階「生命・自然」の具体的な指導内容として、学校で栽培している鉢の花に、触れたり、関心をもったりして観察する授業で考えてみます。4人の学習グループで学んでいるAさんは、自立活動の時間で「姿勢を安定させ、腕を伸ばしたり、物に触れたりすることを通じて、保有する感覚の活用と併せて、姿勢の変化や筋、関節の動きなどを感じ取り、自ら調整できること」を指導目標にしています。そこで、授業者は、自立活動の指導内容や指導の状況を踏まえ、Aさんが車椅子でも鉢の花を観察しやすいように、腕を伸ばして触れやすい高さや前後の位置を考えたり、自ら腕を伸ばして触れやすい姿勢を調整したりするなどの配慮や手立てを検討して、それらを生活科の指導計画に示し、生活科の指導目標の達成に迫る効果的な授業を展開しました。

　このように、「密接な関連を保つ」ということは、自立活動の指導を通じて、主体的に自己の力を可能な限り発揮できるように学習活動における必要な配慮や手立てを行うこととなります。つまり、生活科の目標を達成するための時間であるため、自立活動の指導目標を設定して指導を行うことではないということです。また、適切な指導計画については、学習指導要領第7章第3の2の(5)に、個別の指導計画を作成する際に、各教科、道徳科、外国語活動、総合的な学習の時間及び特別活動と自立活動の指導内容との関連を図り、両者が補い合って、効果的な指導が行われるようにすることが示されています。言い換えれば、自立活動の時間における指導の成果を児童生徒が効果的に発揮する、もしくは応用する場面として、教師は、各教科の学習活動における配慮や手立てを行うことといえます。その際、それらの配慮や手立ての効果等を評価し、自立活動の指導に活かしていくことも大切にしていただきたい。

　なお、知的障害者である児童生徒に対する教育を行う学校や、第8節の重複障害者等に関する教育課程の取扱いの知的障害を併せ有する児童生徒を教育する学校においては、学校教育法施行規則

130条第2項の規定を適用させ、各教科等と自立活動を一部又は全部について合わせて指導を行うことによって、一層効果の上がる授業を行う場合には、自立活動の指導目標を設定した上で指導を行うことはあり得ますが、自立活動の時間における個別の指導計画が明確になっていなければ、適切な指導にならないことはいうまでもありません。

6 指導方法の工夫

　自立活動の指導の効果を高めるためには、個々の児童生徒の指導目標を踏まえた具体的な指導内容に応じた指導方法を検討したり、工夫したりすることが重要となります。

　自立活動の指導に適用できると思われる方法、又は方法の裏付けとなっている理論が幾つか想定されます。例えば、心理療法、感覚訓練、動作の訓練、運動療法、理学療法、作業療法、言語治療等があります。しかし、これらの理論・方法は、いずれも自立活動の指導という観点から成立しているわけではありません。また、それらは、それぞれの理論的な立場からの問題の把握、及びその解決を追求しているものです。

　したがって、その方法がどのように優れていたとしても、それをそのまま自立活動に適用すると、当然無理が生じることを理解しておくことが必要となります。例えば、「人との関わりに苦手さのある児童生徒には、○○トレーニングをする」、「文章を読むのが苦手な児童に、○○トレーニングする」などは、理論や方法を機械的にそのまま当てはめて指導することとなり、自立活動の指導の本質とかけ離れてしまうこととなってしまいます。この他、認知発達の尺度をそのまま、指導目標や指導内容にすることも適切といえません。

　これらの点を十分に踏まえた上で、例えば、理学療法士や作業療法士などの専門家と連携・協働しながら、具体的な指導内容を細分化し、段階的な指導を考える際の参考としたり、応用したりするなどして、指導の効果を高める工夫をしていただきたい。

おわりに

　自立活動の指導は、個々の実態を的確に把握して個別の指導計画を作成し、それに基づいて指導を展開し、評価・改善というPDCAサイクルで進められるものです。特に、評価は、児童生徒の学習評価であるとともに、自立活動の指導目標を設定し、指導した教師の評価でもあります。指導を振り返り授業改善するだけでなく、必要に応じて個別の指導計画の作成過程も含め改善を図ることが重要と考えます。自立活動の指導は、特別支援教育を担う教師の専門性の中核であるという認識を改めて確認し、自立活動の指導の更なる充実を期待しています。

肢体不自由のある児童生徒の認知・コミュニケーションの支援

国立特別支援教育総合研究所
上席総括研究員（兼）研修事業部長　吉川　知夫

1　肢体不自由の特性と自立活動における指導

　特別支援学校（肢体不自由）では、在籍する児童生徒の障害の重度・重複化、多様化が顕著であり、令和4年度の特別支援教育資料によると、全在籍者数に対する重複障害学級在籍者の割合が90.5%となっています。また、高等部（本科）卒業者の状況は、進学者が2.8%、就職者が5.0%、社会福祉施設等入所・通所が84.2%となっています（文部科学省，2023）。

　特別支援学校（肢体不自由）に在籍する児童生徒の最も多い疾患は、脳性疾患であり、その中でも、脳性まひが最も多くなっています（全国特別支援学校肢体不自由教育校長会，2024）。肢体不自由児は、上肢操作や移動、体幹保持の困難等の運動機能だけでなく、知的発達や社会性の発達の遅れをはじめ、視覚と手の協応動作の困難、図地関係の逆転、空間認知の困難などの視覚認知や、発声発語器官の運動の困難等による言語障害やコミュニケーションの困難など、様々な障害を随伴する場合が多く見られます。このような認知やコミュニケーションの困難は、学習上・生活上の困難さに結びつくため、自立活動の時間を中心として指導が行われる場合が多いことが考えられます。

　「自立活動」は、平成11年の学習指導要領の改訂により、それまでの「養護・訓練」から名称が変更されました。「養護・訓練」は、昭和46年の学習指導要領の改訂の際に、盲学校、聾学校及び養護学校共通に新たに設けられた指導領域です。それ以前の「養護学校小学部学習指導要領肢体不自由教育編」（昭和38年度）及び「養護学校中学部学習指導要領肢体不自由教育編」（昭和39年度）においては、小学部では「体育・機能訓練」として、また、中学部では「保健体育・機能訓練」として、それぞれ各教科に位置付けられ、機能訓練を該当教科の時間だけではなく、学校教育全体を通じて行うものとされていました。教科として示された機能訓練の内容は、「ア機能の訓練」、「イ職能の訓練」、「ウ言語の訓練」の3点でした。これは、「ア機能の訓練」は理学療法、「イ職能の訓練」は、作業療法、「ウ言語の訓練」は、言語療法というべきもののことであり、機能訓練の内容は、医学的リハビリテーションにおける主な内容を養護学校学習指導要領へ持ち込み、位置付けたものともいえます（文部省，1987）。

　「養護・訓練」が設けられた際、その内容は、障害種別ごとに必要とされる内容に、心身の発達の諸側面を分類・整理するという観点を加えて検討が行われました（下山，2015）。現行の学習指導要領においては、自立活動の内容として6区分27項目が示されています。この区分・項目は、「＝（イコール）指導内容」ではありませんが、具体的にイメージしやすいように改善されてきています。

自立活動の指導は、個別の指導計画に基づいて行われますが、「自立活動の個別の指導計画作成に当たっては、個々の児童生徒の障害の状態や特性及び心身の発達の段階等の的確な把握に基づき、指導すべき課題を明確にすることによって、指導目標及び指導内容を設定し、個別の指導計画を作成するものとする。その際、第2に示す内容の中からそれぞれに必要とする項目を選定し、それらを相互に関連付け、具体的に指導内容を設定するものとする。」とされています（文部科学省, 2017）。いわゆる「流れ図」を参考として、手続きを踏まえて個別の指導計画を作成し、授業に活かすことが求められています。

我が国が目指す共生社会においては、障害の重い人達も地域の中で様々な人達と関わりながら生活します。その際、コミュニケーションの力は重要です。重度・重複障害児に対するコミュニケーション支援は、重要な課題であるといえます。以下に、コミュニケーションの支援について、認知発達との関連を踏まえて述べます。

2　言語・コミュニケーションの発達と認知の役割

（1）言語・コミュニケーションの発達

定型発達では、およそ1歳の誕生日の前後に意味のあることばを話すようになります。この初語が獲得されるまでの時期を前言語期といいます。ベイツ（Bates,E.,1975）は前言語期からことばを獲得するまでの時期を、伝達手段の発達から次の3つの段階に分けて説明しています（図1）。

0;0　　　0;4　　　0;8	0;10	1;0	1;6〜
聞き手効果段階	意図的伝達段階	命題伝達段階	会話段階

【伝達行動】

泣く	見せる	渡す	これまでの手段に	2語文の出現
笑う	呼びかける（発声）	見せる	「ことば」が加わる	
見る	手さし	指さし	例）視線＋ことば	
身体を動かす	物を受け取る	身振り		

→これらの伝達行動の複合
例）視線＋発声

【認知発達】
①因果関係の理解
②物の永続性の理解
③三項関係の成立
④手段目的関係の理解

図1　コミュニケーションの発達段階と関連する主な認知発達

①聞き手効果段階（0〜10か月位まで）

聞き手効果段階（0〜10か月位まで）は、触りたい、遊びたい等の意図はありますが、それを伝える伝達手段がまだ社会的ではなく、発声や表情、泣く等の快や不快の状態を表す行動を、聞き

手（大人）が推測して応じることによってコミュニケーションが成立する段階です。

②意図的伝達段階（10か月～1歳位まで）

意図的伝達段階（10か月～1歳位まで）になると、子供は自分の意図（要求）を、物を差し出す、渡す、見せる、指さす等の社会化された手段で伝えるようになります。そして、自分の伝達サインが有効であることに気づき、積極的に使用するようになります。この段階では、聞き手効果段階の後半に見られるような、発声や視線、物を見せる等の伝達行動ももちろん使われますが、これらの行動を複合させて使用するようになることが大きな特徴になります。また、意図的伝達段階への質的な移行には、後述するような、三項関係の成立等の認知発達が大きく関わっています。

③命題伝達段階（1歳～1歳4か月位）

命題伝達段階（1歳～1歳4か月位）になると、意図的伝達段階に見られた伝達手段にことば（単語）が加わってきます。

この命題伝達段階の後、およそ1歳半頃から二語文の表出が見られ始め、ことばだけで内容を伝えることができるようになる段階（会話段階）へと進んでいきます。

障害の重い肢体不自由児とのコミュニケーションでは、子供の行動を客観的に読み取ったり、文脈から意図を推測したりしながらやりとりを展開していくため、大人側のコミュニケーション感度も求められます。そして、対人的微笑、音への反応、アイコンタクト、事物や人への注視・追視、身振りや視線などの伝達行動、三項関係による共同注意など、前言語期に獲得する主要なコミュニケーションスキルを評価するためには、定型発達を正しく理解しておく必要があります。

（2）発達の領域間の関連

前述した聞き手効果段階や意図的伝達段階で使用される前言語期のことば以外の手段によるコミュニケーション行動が、後のことばによるコミュニケーションの基礎になります。ことばによる伝達は、それ以前の伝達の発達を基礎に成立します。そして、その過程は認知や社会性の発達と密接であり、前言語期コミュニケーション行動の高次化には、一定の認知発達が条件になるといわれています。図1に示したように、簡単な因果関係の理解、物の永続性の理解、三項関係の成立、手段－目的関係の理解等が関わるとされています。聞き手効果段階では、伝達手段だけでなく、これらの認知発達に関する課題も把握しておくことが必要になります。特に、聞き手効果段階から意図的伝達段階への質的な移行にあたっては、〈自己－対象－他者〉の三項関係の成立が大きく関わっています。

前言語期のコミュニケーション行動に関わる重要な発達現象として、共同注意（Joint Attention）があります。共同注意とは、他者と関心を共有する事物や話題へ注意を向けるように行動を調整する能力（Bruner, 1975）とされていて、コミュニケーションを成立させるための重要な要因です。Bruner（1983）によると、共同注意の最初の段階は、生後2か月頃から見られる、乳児が大人と視線を合わせる行動（simple dyadic eye-to-eye joint attention）です。そして次の段階が、他者と同じ対象に注意を向ける行動で、9か月頃から見られる〈自己－対象－他者〉の三項関係による共同注意行動となります。川間（2005）は、共同注意の成立要件を図2のように示しています。自己と他者が同じ対象に注意を向け（注意の一致）、お互いにそれぞれが同じ対象に注意を向けていることを理解し（他者意図の理解）、情動の交流・共有が成立します。共同注意は相互

的なコミュニケーションの基盤であり、後の言語獲得や心の理論の前駆的能力としても重要なものと考えられています（Bakeman & Adamson, 1984）。このような認知発達に伴って、コミュニケーションの発達も促されていくといえます。

運動発達と他の領域の発達との関連については、例えば電動移動支援機器を用いた移動経験が、自立度を高め、社会性や情緒、認知発達の機会が促されることが報告されています（Galloway,2008）。また、空間における自らの位置の変位（移動経験）で得られる視覚的・身体的情報が空間認知、感情発達などに影響することが明らかとなっています（Campos, 2000；内山, 2015）。

児童生徒の実態把握を行うにあたっては、言語・コミュニケーション発達、認知発達、社会・情動発達、運動発達といったそれぞれの領域の発達に加えて、前庭覚や固有覚などの感覚の状態も含めて、領域間の関連から子供を理解し、全体像を把握することが必要になります。

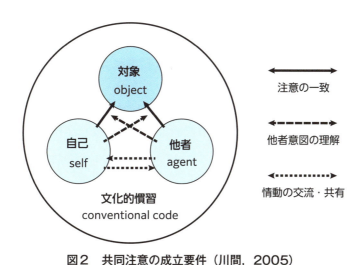

図2　共同注意の成立要件（川間, 2005）

3　前言語期コミュニケーション指導の考え方

これまで述べたように、肢体不自由の原因として最も多い脳性疾患は、運動障害だけでなく、種々の随伴症状を合併することが多く、言語やコミュニケーションの状態像も様々です。特に、障害が重い場合には、呼吸をはじめとした全身状態の管理や生活リズムの調整、離乳の促進といった摂食嚥下に関わること、感覚入力や姿勢運動発達の促進などの全般的な指導が、乳幼児期から必要になります。コミュニケーションに関しては、基本的には遊びを中心とした対人的な関わりを通して、人への志向性を高めながら、意思の伝達などのやりとりを学習し、概念形成やことばの理解を促していくことになります。

障害の重い肢体不自由児は、コミュニケーションの発達が聞き手効果段階に留まる場合も少なくありません。聞き手効果段階では、発声や視線、身振りや表情等の伝達手段によってコミュニケーションを図ります。発達の初期段階では、まず人や物へ注意を向けるといった力を育てていくこと

が大切になります。そして、人と関わる楽しさを経験しながら人への志向性を育てていきます。物への興味が広がってくれば、他者を介して対象と関わる三項関係の成立につながる活動を考慮します。

コミュニケーションは対人的なやりとりの中で学習するものであり、大人の関わり方が子供の言語やコミュニケーションの発達に影響を及ぼします。相互作用を重視したアプローチでは、自然なやりとり場面で、共同注意行動を基盤にしながら、子供の発話や行動に適切なフィードバックを与える方略が用いられます。基本的には、大人が子供の発話や行動の意図を正しく解釈し、適切な言語にして返すような相互作用を充実することで、子供の言語やコミュニケーションの発達が促進されることが、これまでの研究から示唆されています。例えば、大井（2001）は、相互作用アプローチの基本的な技法について、次の4つをあげています。子供の注意の焦点や話題に沿って大人が応答することが、前言語段階における子供との共同注意の確立に寄与し、子供が示す物を大人が命名することで語彙の学習を促します。このような相互作用スタイルは、「意味的随伴性」と呼ばれます。また、子供に予測可能な規則化された相互作用に子供の発話を位置づける「慣例化」、大人の発話を子供の能力と同じ水準またはやや高めに設定する「微調整」、大人が主に質問の形式で子供とのやりとりを促進する「会話誘発」といった大人の関わり方が、子供の言語やコミュニケーションの発達に影響します。障害の重い子供に対しては、授業や日常場面の中で、子供の微細な表出行動に大人が意味付けし、子供自身にフィードバックを行うことが重要になります。

4 AACの活用

障害の重い肢体不自由児は、音声言語（話しことば）の獲得が難しい場合が多く、代替コミュニケーション手段を検討し、指導を行うことになります。つまり、AAC（Augmentative and Alternative Communication）の活用です。AACは、「重度の表出障害をもつ人々の形態障害（impairment）や能力障害（disability）を補償する臨床活動の領域をさす。AACは多面的アプローチであるべきで、個人の全てのコミュニケーション能力を活用する。それには、残存する発声、あるいは会話機能、ジェスチャー、サイン、エイドを使ったコミュニケーションが含まれる。」（ASHA；1989, 1991）と定義され、パソコンやタブレット端末、VOCA（Voice Output Communication Aid）、視覚シンボル、絵、写真、文字盤、視線や表情等も含み、音声言語を補ったり、音声言語の代わりをしたりする手段の全てを含みます。

特別支援学校においてもICTの活用が進む中、様々なコミュニケーション支援機器が開発され、利用されるようになってきています。AACは、このような支援機器をはじめ、発声や視線、表情や身振り等も含め、多様な手段を活用して個々のコミュニケーションを拡大しようとするものです。学習指導要領では、「児童の身体の動きや意思の表出の状態等に応じて、適切な補助具や補助的手段を工夫するとともに、コンピュータ等の情報機器などを有効に活用し、指導の効果を高めるようにすること。」（文部科学省，2017）が示されています。個々の児童生徒の学習時の姿勢や認知の特性等を踏まえて、発達の段階等に応じてICTの活用を含めた学習環境を検討することが必要になります。具体的なICT活用の事例については、国立特別支援教育総合研究所のホームページで公開している「肢体不自由児の障害特性を踏まえたICT活用事例集」等を参照してください。

おわりに

　様々な状態像を示す肢体不自由児の指導に当たっては、的確な実態把握のために発達の領域間の関連を踏まえて指導方針を検討することが必要になります。特別支援学校学習指導要領においては、「学習時の姿勢や認知の特性等に応じて、指導方法を工夫すること」と示されているように、特に学習の目的に応じた効果的な姿勢を検討することや、認知の特性についての実態把握が必要です。さらに、肢体不自由児のコミュニケーション支援では、定型発達の理解が重要であり、AACの活用は不可欠です。

　「その人らしく」生活していくために、コミュニケーションはとても大事な力になります。学校卒業後も見据えて個々に必要となる力を見極め、学校教育において育んでいきたいと考えます。

●参考文献／サイト

Bates,E.,Camaioni,L.,& Volterra,V.（1975）The acquisition of performatives prior to speech. Merrill-Palmer Quarterly,21,205-226.

Bekeman,R.& Adamson,L.B.（1984）Coordinating attention to people and objects in mother-infant and peer-infant interaction. Child Development,55,1278-1289.

Bruner,J.S.（1975）From communication to language. Cognition,3,255-287.

Bruner,J.S.（1983）Child's talk : learning to use language. London Oxford University Press. 寺田晃・本郷一夫訳（1998）乳幼児の話しことば：コミュニケーションの学習，新曜社．

Campos,J.J.,Anderson,D.I.,Barbu-Roth,M.A.,Hubbard,E.,Hertenstein,M.J.& Witherington,D.（2000）Travel Broadens the Mind. Infancy,1,149-219.

Galloway J.C. et al（2008）Babies driving robots：Self-generated mobility in very young infants．Journal of intelligent Service Robotics,1,123-134.

川間健之介（2005）身体を通したコミュニケーション．はげみ第304号，11-15，日本肢体不自由児協会．

国立特別支援教育総合研究所肢体不自由教育研究班（2024）「肢体不自由児の障害特性を踏まえたICT活用事例集」
　https://www.nise.go.jp/nc/cabinets/cabinet_files/download/1079/b426323e3072c71f2da5340bc46d935a?frame_id=1235

文部科学省（2017）特別支援学校小学部・中学部学習指導要領

文部科学省初等中等教育局特別支援教育課（2023）特別支援教育資料（令和4年度）

文部省（1987）肢体不自由教育における養護・訓練の手引．日本肢体不自由児協会．

大井学（2001）語用論的アプローチ．ことばの障害の評価と指導，大石敬子編，大修館書店．

下山直人（2015）自立活動の成立と意義．よくわかる肢体不自由教育，安藤隆男・藤田継道編著．ミネルヴァ書房．

内山伊知郎，Campos,J.J.（2015）乳児期における感情発達の機能的アプローチ．感情心理学研究，Vol.22,No.2,70-74.

全国特別支援学校肢体不自由教育校長会（2024）全国特別支援学校（肢体不自由）児童生徒病因別調査．

3 重度・重複障害のある児童生徒の自立活動

日本体育大学　教授　長沼　俊夫

はじめに

「重複障害児」とは、複数の種類の障害を併せ有する幼児児童生徒です。特別支援学校（肢体不自由）では重複障害学級で学ぶ児童生徒が多く、在籍者の9割以上が重複障害児である特別支援学校も多数あります。特別支援学校（肢体不自由）で学ぶ児童生徒の多くは、脳性疾患があり、随伴する障害として、知的障害や言語障害、感覚障害などもあり、それぞれの障害が重度であるため健康状態が変動しやすく、健康状態を維持するために常時、医学的観察や医療的ケアを必要とする「重度・重複障害児（医療・福祉の領域では重症心身障害児という）」です。

ここでは、特別支援学校（肢体不自由）に多く在学している、重度の肢体不自由に併せて重度の知的障害のある児童生徒（重度・重複障害児）の指導について概説します。

1　自立活動の指導

（1）自立活動の指導の基本
①調和的発達の基盤を培う指導

> **自立活動の目標**
> 個々の児童又は生徒が自立を目指し、障害による学習上又は生活上の困難を主体的に改善・克服するために必要な知識、技能、態度及び習慣を養い、もって心身の調和的発達の基盤を培う。
> （特別支援学校小学部・中学部学習指導要領　※傍線は筆者によるもの）

自立活動の指導は、障害による学習上又は生活上の困難を主体的に改善・克服しようとする取組を促す教育活動です。「できない」を「できる」に変えていけるための指導は、もちろん重要です。しかし、筆者は「心身の調和的発達の基盤を培う」という視点で自立活動を捉えることが、より大切であると考えます。各教科等の学びは、小学生から高校生まで年齢に即した調和的発達を前提に系統的な教育課程が編成されています。障害の有無にかかわらず各教科等の学びを積み上げていくことで、社会とつながり社会の形成者となることが教育の目的です。障害のある子供は、発達に遅れがあるだけではなく、発達の偏りが大きいことが特徴です。特に、障害の重い子供においては、この発達の基盤を育てることに時間を掛けて丁寧に指導することが必要です。発達の遅れている側面を補うために、「発達の進んでいる側面」（ストロングポイント）を見つけ、育む指導が自立活動と考えます（図1）。

3　重度・重複障害のある児童生徒の自立活動

図1　各教科と自立活動

（下山直人，2022を一部改編）

②オーダーメイドの指導

　自立活動の指導は、児童生徒個人に合せたオーダーメイドの指導と言えます。一人一人の実態に応じた指導目標、指導内容、指導方法の設定が前提です。自立活動の指導を担当する教員は、「創作料理を担当する料理人」にたとえられるのではないでしょうか。食べる人（児童生徒）が何を求めているのか（目標）を把握し、食材（内容：6区分27項目）を選び、食べられる栄養満点の料理（指導内容）を作る。レシピがない料理を作る苦労はありますが、食べる人（児童生徒）がおいしそうに完食してくれたときには、やりがいや喜びも大きいはずです。

（2）個別の指導計画の作成

表1　自立活動の個別の指導計画作成の手順

- a　個々の児童生徒の実態を的確に把握する。
- b　実態把握に基づいて得られた指導すべき課題や課題相互の関連を整理する。
- c　個々の実態に即した指導目標を設定する。
- d　特別支援学校学習指導要領小学部・中学部学習指導要領第7章第2の内容から、個々の児童生徒の指導目標を達成させるために必要な項目を選定する。
- e　選定した項目を相互に関連付けて具体的な指導内容を設定する。

　表1に自立活動の個別の指導計画作成の手順を示しました。オーダーメイドの指導なので、各教科の指導計画作成とは異なる手順となり、「指導目標、具体的な指導内容の設定」が難しいです。特別支援学校学習指導要領解説自立活動編では、実態把握から具体的な指導内容を設定するまでの「流れ図」が複数の事例に即して解説されています。参考としながら実際に取り組んでみてください。

2 重度・重複障害のある児童生徒の理解

　重度・重複障害のある児童生徒の指導においては、困難の状況が多岐にわたり、その背景要因も複雑であるため実態把握がたいへん重要です。的確な実態把握をするためには、重度・重複障害のある児童生徒の困難を整理して理解することが必要です。

（1）重度・重複障害のもたらす困難の整理

　自立活動の指導においては、第一に児童生徒の「実態把握」が重要です。そのためには、障害が重複することによる種々の困難について的確に捉えることが必要です。障害が重複する場合には、以下のような視点でその困難さを整理することが求められます。

①重複した障害の一つ一つがもたらす困難

　比較的軽度な障害を重複して有する場合で、例えば、弱視と片方の下肢に軽いまひがある場合には、視覚の活用を中心とした指導と下肢の不自由さに配慮した歩行の安定を組み合わせた指導が考えられます。このように一つ一つの障害にかかる配慮事項を参考にしながら、対象児の様子を丁寧に観察することにより、どのような困難があり、どのような支援や指導が必要かの手がかりを得ることができます。

②障害が重複することで追加・増幅される困難

　特に重度の障害が重複すると、単に困難が加算的に追加されるだけではなく、相乗的に増幅されます。その理由は、単一障害の場合に用いられる支援方法の多くが、障害を受けていない他の機能に依存あるいは他の機能によって補われているからです。例えば、全盲と四肢にまひがあり歩行ができない場合などです。移動する際に、白杖での歩行も電動車いすによる移動も、障害が重複することでできなくなります。学習においても、肢体不自由のために自らの動きを通して体験することが困難な場合、視覚や聴覚などの他の感覚を使っての観察や視聴覚教材を活用することで補うことが、視覚障害や聴覚障害を併せ有することで困難となります。

　これら複数の障害により追加・増幅された困難を本人が乗り越えていくためには、教員は一つ一つの障害についての整理だけではなく、複数の障害が重複することで新たに生じる困難を整理して把握する必要があります。その上で、確実に届く情報の提供、表現しやすいコミュニケーション方法の選択、理解を助ける教材・教具の用意などを行うことが不可欠になります。

③重複障害がもたらす困難を理解していないことにより、周囲の人が不適切な関わりをしてしまうことでもたらされる困難

　重複障害の様相は極めて多岐にわたります。そのため、重複障害のある児童生徒を周囲の人が適切に理解することは、たいへん重要な課題です。しかし、現実には周囲の人が重複障害のもたらす困難を理解していないことにより、不適切な関わりをして、そのことで重複障害児の困難が増幅する場合が少なくありません。特に重度・重複障害のある児童生徒は、生活すべてにおいて介助を必要とする状態にあり、しかも周囲には分かりにくい表現方法しかもっていない場合に、その児童生徒の潜在能力が極めて低く見なされがちになってしまいます。また、周囲から「障害の重い子」「重症児」などの言葉でカテゴリー化したイメージで見られ、イメージが先行して一人歩きしてしまっている場合にも、同じように潜在能力が低く見なされてしまうということが生じやすい状況です。

私たち人間は、障害のあるなしにかかわらず、生きている限り、主体的に人や環境と関わり合いたいという根源的な欲求をもっています。はじめから「重度・重複障害児は……」という視点で関わるのではなく、まずは「一人の人間」として児童生徒と向かい合うということを忘れずに、一人一人の教育的ニーズに応じた教育を実践していくことが大切です。そのためには、その児童生徒の有する困難の背景要因を把握した上で、「できないこと（＝困難）」の羅列ではなく、「"できない"から"できそう"」につながる道筋を描けるように想像（創造）力を駆使することが指導者には求められます。

（2）重度・重複障害のある児童生徒の特徴

重度・重複障害のある児童生徒には、一般に以下のような特性のある場合が多く、指導に際しては、その実態を十分に把握しておくことが重要です。

①身体発育

身体発育が順調でない場合が多く、低身長、低体重の児童生徒や身体虚弱の児童生徒が多く見られます。また、骨が細くもろくて骨折しやすい者も少なくありません。

②生理調節機能

1）呼吸機能

呼吸のリズムが保ちにくく、呼吸が浅かったり、呼吸数が増減しやすかったりします。

2）体温調節機能

体温調節中枢の発達が未熟で、発汗機能が十分に働かないことから、外気温や湿度の影響を受けやすく、発熱しやすい傾向があります。また、平熱が33〜35℃といった低体温の児童生徒も見られます。

3）睡眠・覚醒機能

睡眠中の呼吸障害やてんかん発作などにより、睡眠と覚醒のリズムが不規則になりやすく、寝つきが悪かったり、昼夜が逆転したりするなどの睡眠障害を伴いやすくなっています。

③摂食・嚥下機能

口の開閉や口唇による食物の取り込みが困難で、水分を飲むとむせたり、口から食物を押し出したりするなど、食物や水分を摂取する上で様々な問題が生じます。

④排泄機能

膀胱にためた尿をスムーズに出せないことから、排尿困難や頻尿、尿失禁をきたします。また、習慣性の慢性便秘症になりやすく、浣腸や摘便を必要とする者も多く見られます。

⑤認知機能

姿勢や運動をコントロールできないため、1）頭部を自由に動かせるように垂直に保持すること、2）注意や覚醒水準を高めること、3）視覚により志向性をもって見ることに困難が生じやすい傾向があります。そのため、認知機能の基盤となる初期感覚である触覚、前庭覚（いわゆる平衡感覚）、固有覚（筋肉を使うときや関節の曲げ伸ばしによって生じる感覚）の活用段階にとどまり、視覚認知が未熟な場合が多く見られます。また、初期感覚の機能の問題、例えば触覚が過敏であったり鈍感であったりという児童生徒もいます。

⑥視機能

脳性まひ児には、その70％に何らかの視覚障害があると推測されています。障害の重い児童生徒においては、「見えているかどうかはっきりしない」という場合も少なくありません。こうした児

童生徒の多くは、中枢性視覚障害があるといわれ、①まぶしさを感じる、②色知覚がある、③動くものへの反応がある、④周辺視野の反応があるなど、様々な特徴が国内外の研究で明らかになってきています。

⑦運動機能

　脳性まひが基礎疾患の児童生徒には、骨格筋の過緊張・低緊張や不随意運動が見られ、姿勢・運動の発達が未熟な場合が多く見られます。また、加齢とともに異常な姿勢や運動が固定化し、脊柱の側弯や胸郭の変形、四肢の関節の変形や筋の拘縮などを併せ有する場合が多く見られます。

⑧言語・コミュニケーション機能

　言語の理解や発語、身振りなどで自分の意思や欲求を表すことが難しく、周りの人にとっても相手の表現が理解しにくいため、コミュニケーションを図ることが困難です。また、視覚障害や聴覚障害、行動障害などを伴っている場合には、さらにやりとりが困難になります。

⑨人間関係、情緒・社会性

　身体の動きや発語に困難があり自発的な行動を獲得できず、人間関係においても受動的になりやすいことが多いです。また不快を感じても感覚の問題で表現する力が弱く、他人から理解されにくいため、人との関係に問題が出てくることもあります。例えば、光に対するまぶしさを強く感じてしまう場合など、目を閉じて自分にとって不快となる刺激を遮断することが、日中に明るい所では眠ってしまうという行動の形成につながってしまう、などがあります。

3　重度・重複障害のある児童生徒の自立活動と各教科の指導

（1）重度・重複障害のある児童生徒に「つけたい力」〜人やものと関わる力〜

表2　重度・重複障害児のある児童生徒に「つけたい力」

- 様々な刺激や働きかけを受けとめる、味わう力
- 人や物と関わる力
- 自分の気持ちを伝える（表現する）力

　表2で示す事項は、重度・重複障害のある児童生徒の自立活動の指導目標にたいへん多く挙げられます。こうした力は生活する上ではもちろん、学習する際の基盤となる力です。児童生徒の実態把握の際に、「二項関係」「三項関係」の認知発達の視点で行動観察を丁寧に行うことが重要です。二項関係は「他者との二項関係」と「対象物との二項関係」があります。他者との二項関係は、自己と他者の情動や意識のやりとりで、「周囲の大人に視線を向け、見つめて見つめ返す。」や「周囲の大人からの声かけに、表情や発声で応答する。」などの行動で示されます。対象物との二項関係は、自己と対象物の関係（操作）から、対象物の世界を理解し始めます。「動くものに顔を向ける。」や「視線を向ける対象物に手を伸ばす。」などの行動で示されます。この2つの二項関係は統合されず、どちらかの関係しか形成できない状態もあるので、児童生徒の得意、不得意を看取りながら関わりを深めていくことが大切です。そして、他者と対象物との初期の三項関係は、「対象物に向けていた注意を他者に切り替える。」ことに始まり、「子供に声をかけて、こちらを向いたら物を差し出す。」などの関わりで育ちます。二項関係を基盤として三項関係の「芽」が出て、若葉が広がることを期

待しての指導を丁寧に行うことが求められます。

（2）自立活動と各教科の指導

　自立活動の学習を主に行っていても、教科の目標・内容の一部を取り入れて学習ができます。障害の重い子どもには自立活動と最初から決めるのではなく、教科学習の可能性はないかを丁寧に吟味していく必要があります。一つの目安として、二項関係の定着と三項関係の芽を育む段階は自立活動の指導を中心とし、三項関係を活用して教科の見方・考え方を学ぶ段階は各教科指導で学ぶ、という考え方もあります。児童生徒が様々な事象や周囲の人に気付き、活動を楽しむことで、人への要求行動が起こり、やりとりに発展していきます。その変化を丁寧に授業の中で探っていくことが、授業改善につながる重要な評価だと考えます。

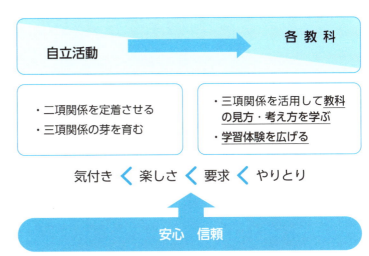

図２　重度・重複障害のある児童生徒の指導

おわりに

　重度・重複障害のある児童生徒の自立活動の指導では、「調和的な発達の基盤」に注目し、まずは対象の児童生徒を多面的に理解することが重要です。今回は、重度・重複障害のある子供の理解を深めるための考え方を中心に述べました。的確に実態を把握することは、一人の担任で行うには限界があります。教職経験の豊富な同僚、外部の専門家（PT・OT・STなど）や保護者との相談や事例検討会を行うチーム・アプローチが必要です。

　また、自立活動の指導の内容や指導方法は一つではありません。教科書も指導書もありません。しかし、同じような実態と課題の児童生徒への実践は、蓄積されています。これまでの実践を参考にし、その実践を担任する児童生徒に合せてアレンジして指導することはできます。

　本書の実践事例編（これまでの『授業力向上シリーズ』No.1からNo.11までも含めて）は、実際の指導計画作成のヒントとなるはずです。ぜひ、活用してください。そして、取り組まれた実践を発信してください。

●引用・参考文献
下山直人監修・筑波大学附属桐が丘特別支援学校編著（2022）『障害の重い子供のための各教科の授業づくり』ジアース教育新社
徳永豊・吉川知夫・一木薫編著（2023）『肢体不自由教育の基本と実践』慶應義塾大学出版会
分藤賢之編著（2015）『新重複障害教育ハンドブック』全国心身障害児福祉財団
文部科学省（2017）『特別支援学校幼稚部教育要領小学部・中学部学習指導要領』海文堂
文部科学省（2018）『特別支援学校教育要領・学習指導要領解説自立活動編（幼稚部・小学部・中学部）』開隆堂

第2部

実践編

1 教科指導の部

2 自立活動の部

教科指導の部 ｜小学部｜生活

1 災害に対する理解や意識を高めるための授業実践
～ICTの活用を通して～

茨城県立下妻特別支援学校　教諭　伏見　佑太

Keywords　①防災教育　②ICT活用　③生成AI

1 背景と目的

　本事例のグループは、知的代替の教育課程で学習する児童6名が在籍しています。そのうちの2名は発語がないものの、コミュニケーションアプリを用いることで、自分の考えや気持ちに近いものを選んで伝えることができるようになってきました。

　児童たちは災害の経験はほとんどありませんが、学校での避難訓練では教師の指示に従って行動することができています。事前に行った災害についてのアンケートでは、「地震や火災、竜巻といった災害が起きた際にどのように行動するか。」という質問に対して、「机の下に隠れる」「鼻と口をおさえる」「建物に逃げる」などと答えることができました。一方で「それぞれの災害でどのようなことが起きるか。」という質問には、「揺れる」「燃える」「風がグルグルする」「分からない」といった回答が多かったです。このことから児童たちが、災害によって引き起こされる危険な状況についての理解や、災害時の適切な行動や災害に対する備えの必要性の理解が不十分であると考えました。

　そこで、本実践では学校の避難訓練で取り組む3つの災害（地震、火災、竜巻）に対する基礎的な理解を深め、『適切な行動』を身に付けたり、防災設備や備蓄などの『備え』の必要性に気付いたりし、安全に生活する意識を高めることをねらいとしました。

2 生活科と自立活動との関係

　「地震で物が落ちた」→「頭に当たったらケガをするかも」→「頭を守らなければ」というように、状況を正しく理解し変化への対応の仕方を具体的にイメージできるよう、VR動画によって疑似的に体験する場面を設定しました。また、具体的なイメージをもったうえで災害の想定をすることにより、自分の障害や体の状態、得意なこと不得意なことを踏まえて、自分だけでは難しいことや自分ができることを考えたり、災害に備えて環境を整えることの大切さに気付けたりするようにしました。

　単元全体で動画や音声を視聴したり、実物を用いたりとそれぞれの児童が理解しやすい方法で学習を進めることで、知識の定着が図れるようにしました。

1 災害に対する理解や意識を高めるための授業実践

3 実践

（1）360°動画（VR動画）で災害を疑似体験

　経験が不足している児童が知識を習得するためには体験的な活動が有効ですが、実際の災害を教室内で体験することは難しいため、疑似的に体験できるよう次のような学習を行いました。YouTubeの360°動画は、画面を操作したり端末自体を動かしたりすることで、視点を動かすことができ、見たい部分を見たいタイミングで見ることができるものです。地震についての学習では、東京消防庁公式チャンネルの『【首都直下地震】防災教育VR「B-VR（ビーバー）」～学校編～』（図1）を次のポイントを伝えて3回視聴しました。

図1　視聴した動画

> 1回目：まずは見てみよう
> 2回目：地震によって何が起きたか注目しよう
> 3回目：男の子と女の子はどうしているか注目しよう

　1回目の視聴では、揺れや音の大きさ、被害の状況に驚くだけだったものの、2回目は「ロッカーが倒れた」「窓ガラスが割れた」という変化に気付いて教師に伝える様子が見られました。また、動画を一時停止したり戻

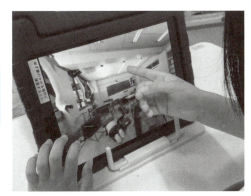

写真1　視聴時の様子

したりしながら「蛍光灯が一本だけ落ちた」といった小さな変化に気付く児童もいました（写真1）。3回目の視聴では、「二人とも机の下に隠れた」「女の子のほうは机をしっかり掴んで隠れている」「男の子に倒れたロッカーが当たりそうだった」と児童は気付いたことを次々に発表しました。火災や竜巻についても同様に360°動画を視聴しながら学習を進めました。それによって、火災の際には煙が部屋の上部から溜まっていくことや、竜巻では飛散物が窓から部屋に入ってきたり、壁が飛ばされたりすることに気付くことができました。

（2）『わたしのそなえ』をたしかめる

　児童が身近な生活の安全に関心を深めるため、災害によって引き起こされる停電や断水、道路の崩落などの被害によってどのような困ったことが起きるかについてみんなで考えて意見を出し合いました。「もしも学校にいるときにこれらのことが起きてしまったら」という問いに対して、「家に帰れない」「ご飯が作れない」「手や服を洗えない」「困る」「いやだ」など児童からは多くの意見が挙がりました。それらの意見を踏まえて、それぞれの児童が用意している防災リュックと非常食セット中身

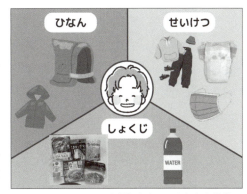

図2　ワークシート『わたしのそなえ』（例）

31

を確かめる活動を行いました。中に入っている物を1つずつ確かめて撮影し、それらをワークシート『わたしのそなえ』（図2）にまとめました。タブレット端末で画像を動かしながら、中に入っていたものを『避難の際に使うもの』『清潔にかかわるもの』『食事にかかわるもの』の3つに分類しました。児童によっては、非常食セットに入っていた水が飲用だけでなく、洗うことにも使えると考えて『しょくじ』と『せいけつ』の両方に分類するということもありました。また、改めて中身を確かめたことで、足りない物があることや友達との違いに気付く児童もいました。

図3　ワークシート（児童入力）

（3）音楽生成AIで防災ソングをつくる

最後の振り返りおよびまとめとして、3つの災害について『災害によって起きること』と『避難するときに気を付けること』の2点を、児童が分担してワークシートに書き出しました（図3、4）。

そこから、書き出したテキストを歌詞としてオリジナルの『防災ソング』を作る活動に取り組みました。楽曲を作るために使用したのは、音楽生成AIの『Suno AI』

図4　ワークシート（児童記入）

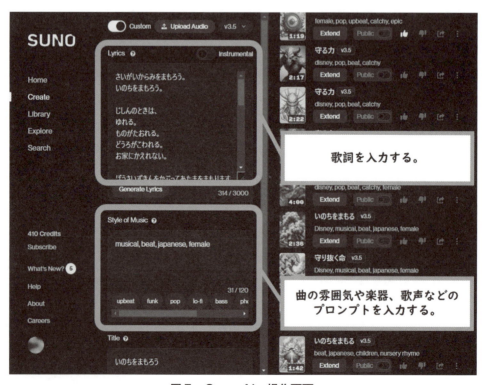

図5　Suno AI　操作画面

（https://suno.com/）です。『Suno AI』は歌詞を入力し曲調を指定することで、ボーカル入りの楽曲を作成することができるサービスです（図5）。

　児童の書き出したテキストを集約して歌詞として入力し、プロンプトを変更しながら計6曲を作成しました。生成された楽曲を聞き比べて、歌詞の聞きやすさや曲の雰囲気のよさなどの理由から最終的に2つの楽曲を本グループオリジナルの『防災ソング』とすることにしました。

4 成果と課題

（1）成果

　本実践を通して、単に「火災のときは、鼻と口をおさえる」という知識だけではなく、「火災のときは、"煙を吸わないように"鼻と口をおさえる」というように、災害によって起きる『危険な状況』とそれに対応するための『適切な行動』を結び付けて考えることができるようになりました。地震への対応では、車いすに乗っている児童の場合、「防災頭巾を被る」「体を丸めて頭を守る」など自分の状況に合わせてどのように行動すればよいかを考えることができました。360°動画を使用したことでその場にいる感覚で、起きていることや変化に気付き、災害の恐ろしさを正しく理解することにつながったのではないかと思います。

　普段の学校生活の中でも、「地震のときはここの蛍光灯も落ちてくるかも」「廊下にいるときに竜巻がきたらどこに逃げたらいいかな」「もしものときは、畑の野菜が食料になるかも」など防災を意識した発言が見られるようになりました。また、作成した防災ソングを気に入って繰り返し聞く児童もおり、文字を読むのが苦手な児童にとっても学習したことを気軽に振り返ることのできるものとなりました。他学年の教師に聞いてもらったり、お昼の放送で流したいと提案したりと自分たちの学習成果を多くの人に知ってもらうよい機会にもなりました。

（2）今後の課題

　今回の授業は児童にとって災害や防災を考えるきっかけになったのではないかと思います。災害や防災は今回限りのものではなく、避難訓練をはじめとする様々な場面で実践を積み重ねたり、考えたりしながら継続して取り組めるよう計画していく必要があります。また、今回はICTを活用した疑似的な体験が主でしたが、防災を考える上で今後は起震車や煙の体験といった実感を伴う経験を積み重ねる必要があります。

授業力向上シート 教科指導の部

茨城県立下妻特別支援学校　教諭　伏見　佑太

対象学部・学年	小学部・3年	教育課程	知的代替の課程

学習指導要領における内容等

教科名・段階	生活・小学部2段階		
内容	知識及び技能	イ安全	（イ）安全や防災に関わる基礎的な知識や技能を身に付けること。
	思考力、判断力、表現力等	イ安全	（ア）身近な生活の安全に関心をもち、教師の援助を求めながら、安全な生活に取り組もうとすること。
	学びに向かう力、人間性等	──	

自立活動の観点から必要な配慮

区分・項目	健康の保持　（4）障害の特性の理解と生活環境の調整に関すること 心理的な安定　（2）状況の理解と変化への対応に関すること 人間関係の形成　（3）自己の理解と行動の調整に関すること 環境の把握　（2）感覚や認知の特性についての理解と対応に関すること
内容設定の手続き	〈災害による状況の変化やその中で自分ができる対応を理解するために〉心（2）と人（3）と環（2）を関連付け、「疑似的に災害を体験を通して、災害によって起きる変化を確かめたり、どのような行動が必要となるか考えたりする。」という内容を設定した。 〈災害への備えについて知り、安心して学校生活を送るために〉健（4）と心（2）を関連付け、「災害によって引き起こされる被害に対応するために、備えとして何を準備しているのかを分類したり整理したりしながら確かめる。」という内容を設定した。 〈学習した内容の定着をはかり、適切な行動につなげるために〉心（2）と人（3）と環（2）を関連付け、「学習した内容を簡単に振り返ることのできる制作物を作成する。」という内容を設定した。

単元名	集団の人数	指導時数
みぢかなさいがい	6名	10時間

単元の目標	・地震や火災、竜巻といった災害によって起きうる危険な状況について理解し、安全のための『適切な行動』を身に付けたり、防災設備や備蓄等の『備え』の必要性に気付いたりする。
方法	・災害を疑似的に体験できるVR動画を視聴し、災害の状況を知り適切な行動を考える。 ・防災リュックや非常食セットの中身を用途や使う場面ごとに分類、整理しその必要性を確かめる。 ・避難の際に気を付けることや大事なことをまとめ、音楽生成AIを用いて『防災ソング』を作る。
成果・課題	・災害の経験が少ない児童にとって、災害の危険性や適切な行動の必要性を知ることができた。 ・日常の生活の中でも防災を意識した考え方や発言が見られるようになった。 ・防災について考えたり実践したりする、継続した取組が必要。 ・起震車体験や煙体験などといった実感を伴った経験の積み重ねが必要。
他教科等との関連	避難訓練での内容をふり返ったり、今後の訓練での避難行動の改善に生かしたりする。 非常食体験に向けて、非常食が必要なる場面や重要性について考える。また、あらかじめ非常食セットの中身について調べることで体験への関心を高める。

識者コメント

　具体的なイメージをもつことが難しい防災教育について、ICT機器や生成AIの特性を活用して自分の生活との関わりについて気付いたり、適切な行動について考えたりする力を高めた好事例です。具体的に活用したICT機器も参考になりますが、VR動画でイメージしたことを自分の防災リュックや非常食セットを用いて個人や友達と考え、表現するという学習内容の構成は、災害時の備えに対し自分事として捉え、自分の生活を豊かにしていくための資質・能力の育成につながります。授業の構成という視点からも参考にしていただきたいです。

（杉林　寛仁）

教科指導の部 ｜中学部｜数学

2 ICT機器を活用した数学科の指導と工夫
～自発的な学びを目指して～

千葉県立銚子特別支援学校　教諭　米本　和弘

Keywords　①ICT機器の活用　②興味・意欲を高める工夫　③自発的な学び

1 背景と目的

（1）背景

　対象となる生徒Aは知的代替の教育課程で学んでいます。学習への意欲はあるものの障害による全身の不随意運動のため、手指を使った活動や自力での学習には困難さが見られました。特に国語・数学などの教科学習においては、他の生徒が自分の好きなタイミングで読み書きや計算を行ったり、自力で問題を解答できたりすることに対して、生徒Aは多くの場面で教師の力を借りて行動を代替しなければならず、生徒Aは学習への抵抗感や意欲の低下を示すことがありました。そこで特別支援学校小学部・中学部学習指導要領第2章「第1款」の3の（4）にもあるように、デジタル教材やICT機器を活用することで生徒Aが持てる力を最大限発揮し、学習意欲を引き出したり自力で学習できる場面を増やしたりできるのではないかと考えました。

（2）目的

今回の取組を行うにあたって、目的として2つ設定しました。

> 1）自分の扱いやすい学習用具や方法を駆使して自力で学習に取り組むことができる。
> 2）覚えた技能や方法を様々な場面で応用することができる。

　1）については、背景にも記載したように生徒Aが自力で学習したいという希望があり、そのためには生徒Aの手指の動きに合わせた用具の選定や学習方法の工夫が必要でした。本校の環境や機材を考慮すると、PCやタブレット、簡易操作マウス等のICT機器やデジタル教材を活用していくことが望ましいと考えました。

　2）については、ICT機器やデジタル教材の活用方法を覚えることで特定の学習に限らず、様々な学習に応用できる場面があるのではないか、より生徒Aの活動の幅を広げることができるのではないかと考えました。

2 方法

　学習の方法として国語及び数学といった教科学習については、練習問題をデジタル化し、PCやタブレットで取り組めるようにしました（図1）。教科等を合わせた指導や行事準備等では掲示物や制作活動に取組を応用することにしました。PCの操作には写真1のような簡易操作マウス（「ら

図1　デジタル化した練習問題

写真1　簡易操作マウス（「らくらくマウス」）

くらくマウス」）を使用することにしました。「らくらくマウス」は、指先やあごで動かすことができるジョイスティック型のマウスです。ジョイスティック部分でカーソル操作、ボタンで左右クリック、ダブルクリックなどの操作ができ、各ボタンの機能割り当てやジョイスティックの感度、カーソル移動速度なども設定できます。

3 実践

（1）数学

今回の学習では、小数及び分数の加法減法の計算問題に取り組みました（図2）。

今までは筆記が必要な学習は、本人の解答を教師が代筆して学習を行っていました。しかし、本人が自分のペースで学習できなかったり、必要に応じて解説を見ることができなかったりすることがありました。そこで「らくらくマウス」を用いることで、筆記の代わりに画面上で入力できるようにしました（写真2）。自分のペースで問題を解いたり、計算方法が分からないときはデジタル化した解説書を確認して正答にたどり着いたりすることができ、自力で問題に取り組めるようになりました。また、画面上で分数の練習問題で通分に必要な途中式を入力し、計算の手順を確認しながら問題に取り組めたり、自分で丸付けをして、間違いを解き直したりする活動ができたことにより、従来の方法

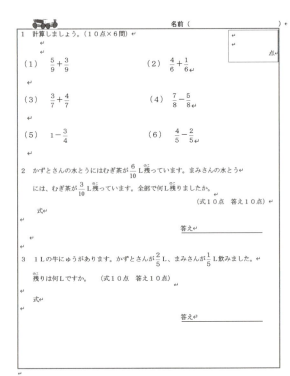

図2　分数の問題

2　ICT機器を活用した数学科の指導と工夫

写真2　「らくらくマウス」を活用して問題に取り組む生徒

よりも知識・技能の定着につながりました。

　生徒Aも「自分と友達と同じことができた」「自力で問題を解くことができた」と肯定的な意見を述べることが多くなり、「もっと色々なことに挑戦してみたい」と積極的に授業へ参加する様子が見られるようになりました。

（2）その他の活動

　教科学習を通して、ICT機器の活用方法を学んだことで様々な場面で応用できることも多くなりました。中学部で行ったおたのしみ会では、学級の友達と一緒に中心となって計画を進めました。その中で、いつもは手書きで作成していた招待状を生徒AがPCを使って作成しました（図3）。文字の入力だけでなくイラストを取り入れたり、見やすいようレイアウトを工夫したりする様子が見られ、自分から様々なPCの機能を調べて活用することができました。

　また、作業学習で作成した製品の販売会に向けた活動では実行委員として活動し、集会のスライドショーの作成を行いました（写真3）。スライドショーは今までは教師が作成しており、生徒は集会の進行を担当することが多かったのですが、ICT機器を活用する取組を通して新たな生徒の活躍の場を見出すことができました。生徒Aも今までは「自分にはできない」と活動を諦めたり、断念したりすることもありましたが、「自分には違う形で活躍できる場面がある」と感じることができるようになりました。

図3　生徒が作成した招待状

写真3　生徒作成のスライドショーを活用した集会の様子

4 成果・課題

（1）成果

　ICT機器を取り入れる以前は、活動をするために誰かの手を借りなければ活動に参加できないことがあり、思うようにいかないもどかしさや支援してもらっているという申し訳なさから、消極的になったり気持ちが不安定になったりする場面が見られました。しかし、ICT機器を活用して活動に取り組むことによって、誰かの手を借りずに自分の力で参加できる活動が多くなり、学習問題を解いたり制作活動を行ったりと友達と同じように活動することができるようになってきました。また、催しごとの招待状やポスターの作成など活動ごとに自分の役割を見い出すことができるようになったことで、自己肯定感も高まり、様々な場面で自信をもって活動に取り組むことができるようになりました。

（2）課題

　今回の生徒Aには利点が多かったICT機器ですが、使用していく中で課題も生まれました。

　大きな課題としては2点あり、一つは環境面についてです。今回は校内での活動で「らくらくマウス」やPC等の必要な学習機材が揃った環境であったため、様々な活動を行うことができましたが、こういった機材が無い場合は、生徒Aのような実態の児童生徒には同じ取組をすることが難しいと考えます。本校でもまだ機器の数が少ないため、複数の児童生徒が使えるよう今後積極的に導入できるようにしていきたいと思います。

　もう一つの課題は機材の機能面についてです。「らくらくマウス」は生徒Aが扱いやすい機材ではあったものの、文字の入力やカーソルの移動等の操作に時間がかかることが多く、目的とする内容を達成するためには、ある程度時間を確保することが必要でした。そのため、作業学習の反省や連絡帳の記入等、10分程度の時間で取り組む活動においては、教師の代筆といった従来の方法を継続する場面もありました。

5 まとめ

　今回の取組を通して、肢体不自由のある児童生徒にとって、ICT機器を活用することは児童生徒の自発的な学習を実現したり、個々の持てる知識や技能を体現したりするために非常に有効な手段だと考えます。課題となる点はあるものの、これからも様々な学習にICT機器を活用していくことで、児童生徒が持てる力を最大限発揮し、学習意欲を引き出したり自力で学習できる場面を増やしたりできるよう、支援及び指導方法を検討していきたいと考えます。

授業力向上シート 教科指導の部

千葉県立銚子特別支援学校　教諭　米本　和弘

対象学部・学年	中学部・3年	教育課程	知的代替の課程

学習指導要領における内容等

教科名・段階		数学・中学部2段階
内容	知識及び技能	A数と計算　オ（ア）㋑　1/10の位までの小数の仕組みや表し方について理解すること。
	思考力、判断力、表現力等	A数と計算　　　（イ）㋐　数のまとまりに着目し、数の表し方の適用範囲を広げ、日常生活に生かすこと。
	学びに向かう力、人間性等	―

自立活動の観点から必要な配慮

区分・項目	身体の動き（5）作業に必要な動作と円滑な遂行に関すること 環境の把握（3）感覚の補助及び代行手段の活用に関すること
内容設定の手続き	本人の実態として、障害による全身の不随意運動があるため、意図的に体の部位を動かすことに課題が見られる。中学部の重複学級では、身体的な課題がある生徒が学習に積極的に参加できるようICT機器やデジタル教材の活用を実践しており、本生徒には少ない動きで操作ができる「らくらくマウス」の活用やボタンを押す、レバーを倒す等操作に必要な動作の練習を行ってきた。このような取組を通して、本人の実態に応じた学習が行えるようにしている。

単元名	集団の人数	指導時数
分数の足し算引き算をしよう	4名	8時間

単元の目標	・小数及び分数の加法減法の計算方法を理解し、自力で解答することができる。 ・自分の扱いやすい学習用具や方法を駆使して学習に取り組むことができる。
方法	PCと「らくらくマウス」（簡易操作用マウス）を用いて、PDF化した問題に解答を入力していく。 分数の加法と減法の計算問題に取り組む。
成果・課題	「らくらくマウス」を自分の思うように操作し、自分の力で分数の計算問題に取り組むことができた。
	ボタンの押しやすさやスティックの操作性など、様々な機器・機能を試していき、より本人に合ったものを活用していきたいが、金銭的に難しい面がある。
他教科等との関連	国語の学習では文章を「らくらくマウス」を操作して打ち込んだり、PCでの掲示物作成等様々な場面での応用を行っている。

識者コメント

　肢体不自由のある児童生徒に対してICTや支援機器を活用する効果について改めて確認できる実践です。生徒の「自力で学習したい」という気持ちに寄り添い、教科等の学習において生徒自身ができる喜びを感じ、自ら学ぶ力を伸ばしているだけでなく、活用の場が他教科や学級活動、作業学習等へ広がっています。指導者がこうした活用の場や生徒の気持ちの広がりを見据えてICTや支援機器の活用を図ることで、生徒自身が自己肯定感を高め、自己の生活を主体的によりよくしていこうという気持ちが育っているのだと感じました。

（杉林　寛仁）

教科指導の部 ｜中学部｜数学

3 学ぶ意欲を大切にした数学科の指導
～認知教材のスイッチ化による工夫～

埼玉県立越谷特別支援学校　教諭　青栁　憲充

Keywords　①学習意欲　②スイッチ　③認知教材　④自立活動を主とする教育課程

1 背景と目的

　対象は、自立活動を主とする教育課程で学ぶ、音楽が大好きな中学2年生の女子生徒Aです。数学では、学習指導要領に示された小学部算数1段階のA数量の基礎の目標と内容から、以下の目標を設定して前年度より学習に取り組んできました。

> 単元名：教材に手を伸ばそう（扱う内容：小学部算数1段階　A数量の基礎）
> ア　提示された教材に気付き、手を伸ばしたり、目で追ったりできる。
> イ　提示された教材に注意を向け、諸感覚を働かせながら、教材に関わることができる。
> ウ　提示された教材に注目し、算数の学習に意欲的に取り組もうとする。

　この目標のもと数学の学習に取り組む中で、ツリーチャイムやキーボードに手を伸ばして音を出したり、ボールを叩いたりして楽しんだりする様子や、おもちゃを目で追う様子が見られるようになりました。

　物へのかかわり方として、まだ、触れる、引っ掻く、叩くが多いのですが、小さなおもちゃを持ち上げる様子も見られるようになりました。そこで今年度は単元名と目標を以下のように変えて、具体物を操作する課題に取り組むこととしました。

> 単元名：教材に応じて操作しよう（扱う内容：小学部算数1段階　A数量の基礎）
> ア　提示された教材に気付き、手を伸ばして掴んだり、持ったりできる。
> イ　提示された教材に注意を向け、諸感覚を働かせながら、教材に応じた操作ができる。
> ウ　提示された教材に注目し、算数の学習に意欲的に取り組もうとする。

　この目標を達成するために、生徒Aが掴んだり、持ったりできる取り組みやすい課題として、スライド式型はめと、筒へのボール入れの教材で学習に取り組み始めました。しかし、何回か学習に取り組んでも、教材に触れることはあるものの、ブロックを動かしたり、ボールを持ち続けたりする様子はほとんど見られず、学習活動に興味を示していない様子でした。

　生徒Aは、具体物に手を伸ばしたり、目で追ったりする学習に取り組む中で、おもちゃを持ち上げる様子が見られることもあったので、学習に対して意欲を持てないことが課題に取り組めない原因ではないかと考えました。そのため、生徒Aが目標を達成するには、教材を生徒Aにとって面白みのあるものに工夫する必要があると判断し、生徒Aの大好きな音楽を使えば、課題に向き合い、目標が達成できるようになるのではないかと考えました。

2 方法

(1) 教材のスイッチ化と機器の構成

課題を成功すると音楽が流れるようにすれば、教材が生徒Aにとって面白みのあるものになると考え、それを実現させるために、スライド式型はめの教材とボール入れの教材をスイッチ化しました。終点にスイッチを埋め込み、タブレット端末のスイッチコントロール等の機能を使って、課題を達成すると音楽が流れるように工夫しました。学習時の機器の構成及びそれぞれの役割は以下のとおりです。

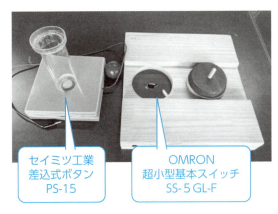

セイミツ工業 差込式ボタン PS-15

OMRON 超小型基本スイッチ SS-5 GL-F

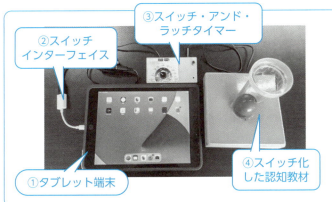

②スイッチインターフェイス
③スイッチ・アンド・ラッチタイマー
①タブレット端末
④スイッチ化した認知教材

〈各機器の役割〉
①タブレット端末
　曲の録音、再生（※スマートフォンでも可）
②スイッチインターフェイス
　スイッチでタブレット端末を操作するために必要なアダプタのようなもの
③スイッチ・アンド・ラッチタイマー
　設定した秒数で再生を停止するための機器（無くても使用可能）
④スイッチ化した認知教材
　教材を操作するとスイッチの信号を送る

(2) 音源の準備

タブレット端末の画面収録機能を使って、ネットから音源を収録しました。準備がとても簡単なことがタブレット端末を使用する一番のメリットと言えます。ただし、授業でのネット動画等の複製については、「改正著作権法第35条運用指針」などを確認して、著作権侵害とならないように使用の対象と範囲について十分に理解した上で行う注意が必要です。

3 実践例

(1) 学習の基本的な流れ

①学習モデルの提示

まずは、教師が教材を操作し、生徒Aの大好きな音楽を流しました。生徒Aが音楽に気付き笑顔が見られたところで音楽を止め、教師が生徒Aの手を持ち、一緒に操作して学習モデルを提示しました。

②最初の1ステップ

生徒Aが、学習に自ら取り組む最初の1ステップは、ほんの少し教材を動かすことで音楽が聴けるように、教材の提示場所や方向を考えて教材を提示しました。ここでの目的は、生徒Aが課題を

理解して、自分でやりたいと思うことです。スライド式型はめは、生徒Aの得意な手前方向に1cm程度ブロックを動かせばブロックが落ちる位置からスタートすることとし、さらに生徒Aの手がブロックに触れている状態から始めました。ボール入れは、筒の入り口のすぐ横で教師の手のひらにボールをのせて、ボールに生徒Aが触れるとボールが筒に入る状態から始めました。

③スモールステップで高次化

課題を理解して、教材に自分で手を伸ばし、操作しようとする様子が見られるようになったら、始点から終点の距離を長くしたり、操作する方向を変えたりして活動に少しずつ変化を加えました。それにより対象物と課題への意識を高め、教材に応じて操作できる力を高めていきました。

（2）学習を進めながらの工夫

①スライド式型はめ

学習に取り組む中で教材を操作するという目的は達成するものの、指先の感覚刺激を頼りに操作して、教材に注目する様子があまり見られないという課題がありました。しかしこの段階では、自分の力で学習に最後まで取り組めることで、一連の活動が定着することを優先しました。そして、穴までの距離を教材の端まで離しても自分の力で成功できるようになってから、スライドさせる方向を変えました。すると、以前よりも目で確認する様子が見られるようになり、横方向にも取り組めるようになりました。いつもと違うことに気付き、状況を目で見て確認し、終点に向けて動かす方向を調整するという数学的な見方、考え方を生徒Aが働かせたことを確認できた瞬間でした。

②筒へのボール入れ

ボールを自分で掴み、そのまま腕を動かし、筒の入り口を見て、ボールを入れようとしますが、いつも入口よりも奥にボールを落としていました。そこで、教材の筒の入り口を広くして取り組むと、繰り返し成功するようになりました。

③自立活動

自立活動の時間における指導で、座位姿勢の安定を図る学習と、目と手の協応を図る学習に取り組みました。目的の場所を見て、手をその場所に持っていけるように、ボール入れやスイッチを押す活動などに取り組みました。

筒へのボール入れに取り組む生徒A

4 成果・課題

（1）成果

課題が成功したときに音楽が動機づけとなるよう教材をスイッチ化したことで、生徒Aは学習に意識を向けて取り組むことができました。スライド式型はめ、筒へのボール入れのどちらの学習でも、自ら教材に手を伸ばして取り組むようになりました。本生徒の数学の目標である「教材に手を伸ばしたり、掴んだりできる」「教材に注意を向け、諸感覚を働かせながら、教材に応じた操作ができる」は、今回用いた2つの教材で達成されました。また、自立活動の時間における指導の中で、

姿勢の安定と目と手の協応に取り組んだことで、学校生活の中で顔が上がる様子や、手元をよく見て活動する様子が多く見られるようになりました。また、数学では教材に自ら手を添える様子も見られるようになりました。音楽や美術など他の学習場面でも提示した教材を握り、持ち続ける様子がより多く見られるようになりました。

(2) 実践を通して気付いたこと

　生徒Aのように、持ったり握ったりすること自体に課題がある児童生徒が、手を使う学習に取り組む際は、教材そのものの形状などの工夫も大事ですが、どのような力につなげるために学習をしているのか、学習を通して、どのような見方・考え方を働かせてほしいのかを考え、実態を踏まえて指導の焦点を絞ることがとても大切だと感じました。今回の筒へのボール入れでは、目と手の協応に課題が大きく、ボールが入らないという状況がありました。数学としては、ボールが筒に入らなくても、ボールに気付き、ボールを掴み、それを筒に入れようとしていればそれでよいと考え、筒の入り口をかなり広げました。そして、目と手の協応については、自立活動で継続して指導していくこととしました。

(3) 今後の展望

　数学では、現在と同様の目標の下、始点と終点を更に離してのボール入れの学習を継続し、また2方向へのスライド式型はめなど、スモールステップで少しずつ新しい課題に取り組んでいく予定です。「自分でできる」「分かる」を積み重ねて、対象物に注意を向ける力、対象物の存在に持続的に注目できる力、物を捉える力を一歩ずつ高めていきたいと考えています。

5 まとめ

　障害が重度で重複している場合、興味・関心の幅が狭いことから、今回の生徒Aのように、自ら教材に手を伸ばしたり、掴んだり、握ったりするという行動に至らない場合がよくあります。また、そのような実態でも特定の音や曲、キャラクターなどに強い関心を示す児童生徒もいます。私は、好きなことの中にこそ、その児童生徒の強みがあると考えています。児童生徒の主体的な学習を実現するためには、その児童生徒の強みを活かして教材を工夫することがとても大切です。

　今回の実践では、数学の学習を通して、生徒Aが数学的な見方・考え方を働かせる様子が見られました。たとえ障害が重度であろうと、スモールステップで目標を定め、その実現のために学習の様子に応じて教材を工夫し、粘り強く指導を重ねれば、学びを成立させることができることを実感しました。

授業力向上シート 教科指導の部

埼玉県立越谷特別支援学校　教諭　青栁　憲充

対象学部・学年	中学部・2年	教育課程	自立活動を主とする課程

学習指導要領における内容等

教科名・段階	算数・小学部1段階		
内容	知識及び技能	A数量の基礎 ア（ア）㋐具体物に気付いて指を差したり、つかもうとしたり、目で追ったりすること。		
	思考力、判断力、表現力等	A数量の基礎 ア（イ）㋐対象物に注意を向け、対象物の存在に注目し、諸感覚を協応させながら捉えること。		
	学びに向かう力、人間性等	ーー		

自立活動の観点から必要な配慮

区分・項目	環境の把握　（1）保有する感覚の活用に関すること 身体の動き　（5）作業に必要な動作と円滑な遂行に関すること 心理的な安定　（3）障害による学習上又は生活上の困難を改善・克服する意欲に関すること
内容設定の手続き	自立活動の時間における指導では、「自分から身近な物に手を出したり、教師が提示した物を持ったりする」を目標に、姿勢づくりとして足の踏みしめや背中の入力を意図した体の学習や、目と手の協応を目標として物を触ったり、押して倒したり、小さい音のなる物を握ったり、落としたりの学習に取り組んでいる。

単元名	集団の人数	指導時数
教材に応じて操作しよう	1名	15分×20回程度

単元の目標	ア　提示された教材（ボール、型はめブロック）に気付き、教材に手を伸ばす。（知識及び技能） イ　教材に注意を向け、型はめブロックをスライドさせて穴にはめる、ボールを握って筒に入れるなど諸感覚を働かせながら、教材に応じた活動ができる。（思考力、判断力、表現力等） ウ　提示された教材に注目し、算数の学習に意欲的に取り組もうとする。（学びに向かう力、人間性）
方法	生徒Aは、スライド式型はめ、筒へのボール入れの課題に取り組む。生徒Aの活動への意欲を高めるため、教材をスイッチ化してタブレット端末と接続し、課題ができると音楽が流れるようにする。
成果・課題	・教材を提示すると、すぐに教材に手を伸ばし、操作するようになった。 ・スライド式型はめは、奥から手前の方向にのみブロックを移動していたが、横方向にも取り組めるようになった。 ・ボール入れ課題は筒の上の入り口を広げることで生徒が自分で取り組めるようになった。 ・特にボール入れ課題では、筒の上部（終点）をしっかりと見て取り組めるようになった。 ・音楽がモチベーションとなり、とても意欲的に学習活動に取り組めた。
他教科等との関連	生徒Aは、外界への働きかけが広がってきており、自立活動でも指導目標の1つとして、「身近なものを持ったり掴んだりして自ら関わる」を設定している。

識者コメント

　本実践は、障害の重い子どもの各教科の指導について、教科で育てたい資質・能力に基づいて学習状況を把握し、目標設定を明確にして取り組んでいます。学習意欲を高めるスイッチなどの工夫は数学科で育てたい力や働かせたい見方・考え方が明確になっているからこそ具体化できることがこの実践からよく分かります。また、学習の基盤となる自立活動の時間における指導の成果と関連付けながら取り組んでいる点にも注目してほしいと思います。障害の重い子どもの各教科の指導について、今後もこうした実践が蓄積されていくことを期待します。

（杉林　寛仁）

教科指導の部 | 小学部 | 音楽

4 わかる・できる・楽しい「音楽」
~教科であり自立活動でもある授業づくり~

埼玉県立和光特別支援学校　教諭　神谷　幸彦

Keywords　①重複障害学級　②教科別の指導　③チームティーチング　④ハイブリッド

1 実践事例の概要

　特別支援学校では各教科の目標・内容を指導する上で、自立活動の観点を取り入れた授業づくりが求められます。本稿では小学部低学年の自立活動を主とする課程における「音楽」の授業を取り上げます。「音楽」の内容を指導し、個々の児童の目標を達成するために設定した学習活動と、その中で自立活動の課題に対してどのような支援を行ったかを中心に紹介します。

　学習グループは小学部低学年の重複障害学級で、特別支援学校学習指導要領（小学部）「音楽」の1段階と2段階の一部の目標・内容を指導します。

　学習グループの実態、本授業の指導内容、ねらい、学習活動は次のとおりです。

〈学習グループの実態〉
・小学部低学年重複障害学級
　2年生2名、3年生4名、担任4名
・主障害に知的障害を併せ有する。
・視機能や聴覚に課題を有する児童、自閉症の傾向を有する児童がいる。
・医療的ケアの対象児童がいる。

〈本授業のねらい〉
(1) いろいろな音楽を聴くことや音楽を取り入れた活動を楽しむ。（思考、判断、表現／学びに向かう力・人間性等）
(2) 音楽を通して教師や友達とのふれあいを楽しむ。（学びに向かう力・人間性等）
(3) 声を出して楽しむ。（口に意識を向ける、口で音を出すこと等を含む。）（知識及び技能）／自立活動
(4) 楽器を鳴らすことを楽しむ。（知識及び技能／思考、判断、表現）／自立活動

〈指導内容〉
A　表現
　ア　歌唱　音や音楽を感じて声を出す技能（1段階）
　　　　　　歌唱表現についての知識や技能を得たり生かしたりしながら、好きな歌ややさしい旋律の一部分を自分なりに歌いたいという思いをもつこと。（2段階）
　イ　器楽　音や音楽を感じて楽器の音を出す技能（1段階）
　　　　　　器楽表現についての知識や技能を得たり生かしたりしながら、身近な打楽器などに親しみ音を出そうとする思いをもつこと。（2段階）
　ウ　音楽づくり　音遊びを通して、音の面白さに気付くこと。（2段階）
　　　　　　音や音楽で表現することについて思いをもつこと。（2段階）
　エ　身体表現　音や音楽を感じて体を動かす技能（1段階）
　　　　　　身体表現についての知識や技能を得たり生かしたりしながら、簡単なリズムの特徴を感じ取り、体を動かすことについて思いをもつこと。（2段階）
B　鑑賞　聴こえてくる音や音楽に気付くこと。（1段階）

〈学習活動〉
①はじまりのうた・ふれあい遊び「ホ！ホ！ホ！」（呼名・返事）
②ふれあい遊び「一本橋こちょこちょ」　③発声遊び「マイクでうたおう」
④楽器遊び「幸せなら手をたたこう」　⑤鑑賞「うみ」（共通教材より）
⑥まとめ（評価）・おわりの挨拶

2 自立活動の観点と支援の方針・手だて

上に示した内容を指導し、個々の児童の目標を達成するため、また何よりも児童が「音楽」の授業を楽しめるように、次の自立活動の区分・内容を取り上げました。これらを指導する児童の実態や目標、今後に願う姿に合わせて噛み砕き、具体化した方針が右の3点です。

〈取り上げた自立活動の区分・内容〉
3　人間関係の形成
　　(1) 他者とのかかわりの基礎に関すること。
4　環境の把握
　　(1) 保有する感覚の活用に関すること。
5　身体の動き
　　(1) 姿勢と運動・動作の基本的技能に関すること。
6　コミュニケーション
　　(1) コミュニケーションの基礎的能力に関すること。

〈具体的な方針〉
(1)【わかる】を増やす
　　何をするか、どうすればよいか、どうなるかわかる。
(2)【できる】を増やす
　　随意的な動きを見出し、引き出し、使えるようにする。
(3)【伝える】手だての獲得
　　他者の支援を受けるために【伝える】手だてが必要。

具体的には次のような手だてを考えました。

（1）各学習活動での児童の目標を明確にする

担任間で個々の児童の細かな動きやかすかな表情などを見逃さずに取り上げ、各学習活動で引き出したい動き（「OK！」と呼びます）を特定するために、事前に「OK！リスト（各児童の目標・記録の一覧）」を作成しました。授業の前に児童の目標を確認し、授業後は記録のために使用します。

（2）「応答」を大切にする

障害の重い児童の細かな動きやかすかな表情などに教師が「応答」することが大切です。たとえば口唇のかすかな動きやスイッチの操作につながる指先の動きに対して、「うんうん」「そうだね」「そうなの？」「教えてくれてありがとう」といった「応答」や、そこからはじまる「やりとり」を日常的にも大切にしています。

（3）スイッチやVOCAの使用

児童の実態と上に示した3つの方針からスイッチやVOCAの使用が有効と考えました。児童の認識面の実態としては、因果関係の理解や「手段〜目的関係」の理解が見られることを確認しています。児童は指先や顔を左右に振る動きからスイッチ入力を行い、電動マレットでタンブリンなどの打楽器を鳴らすことができました。スイッチやVOCAは日常的にも挨拶などに使用しています。

児童の実態把握や課題設定は、学級担任が保護者からの聴き取り、外部専門家の意見、学習指導要領に示される段階、発達検査等の項目などを参考に、本校の自立活動担当と協議しながら行っています。

「OK！リスト」の一例（部分）

4 わかる・できる・楽しい「音楽」

3 授業の様子と工夫点

◆学習活動①　はじまりのうた・ふれあい遊び「ホ！ホ！ホ！」

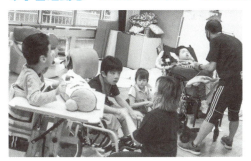

- 教師とのふれあいを楽しむ中で呼名への返事を促す。
- 「ホ！ホ！ホ！」はテンポがよく、児童の体へのタッピング、手へのタッチ、手を叩き合わせる、手を取って揺れるといった動きを入れやすいため使用した。
- 児童に応じてスイッチやVOCAを使用した。
※写真の場面は児童４名に教師２名であるが、教師は左方向へローテーションする。

【リトルマック】
【棒（全方向）スイッチ】
オムロン基本スイッチZタイプ

◆学習活動②　ふれあい遊び「一本橋こちょこちょ」

- 音楽の中で教師とのふれあいを楽しむ。
- くすぐられることへの予期の表情や動き、「もう１回やって」という要求などを引き出したい。
- 間をおいてためたり、触れくすぐる部位を変えたりすることで、児童の期待感や予期を高めている。
- 教師が支援しながら児童同士で行うこともある。友達の手が触れると教師のときとはちがった表情を浮かべる児童もいる。
※どの学習活動も児童の集中が持続するよう比較的短時間で設定し、待つ時間が少なくなるようテンポよく進めている（教育番組の構成を参考にしている）。

◆学習活動③　発声遊び「マイクでうたおう」

【マイク・アンプ】
- マイクとアンプを使用し、児童の発声や音づくりを促す。
- 児童が考えている間、教師は無音で待つことを大切にした。
- 意識的な発声が出る、いろいろな発声を試み楽しむ、マイクを手で叩いて音をつくるといった様子が見られる。
- 気管カニューレから呼気で音を出すようになった児童もいる。
- 長い時間をかけ、口に意識を向けて動かしたり、クチュクチュ音を出したりするようになる児童もいる。
- ろう学校の実践を取り入れている。(オリジナル曲)

◆学習活動④　楽器遊び「幸せなら手をたたこう」

- 「幸せなら手をたたこう」「ほらみんなで手をたたこう」に続けて楽器を鳴らす。
- 児童が考えている間、教師は無音で待つことを大切にした。

【電動マレット】
カプチーノミルクフォーマーを加工。ヘッドは重さと弾力を得るためスーパーボールを使用。
【棒（全方向）スイッチ】
オムロン基本スイッチZタイプ

◆学習活動⑤　鑑賞「うみ」

・共通教材より選択した。
・児童に海そのものを感じさせることは難しい。視機能等による難しさもあるため、海の動画を大型テレビで視聴させることは考えなかった。
・音楽の中で、海の色、波の動きや音、風など教室内でできる限りの要素を感じられるように考え、波を表現する布とレインスティックを使用した。
・水の使用を含め、児童にとっての海とは何かを追究したい。

◆学習活動⑥　まとめ・おわりの挨拶

・各児童のよくできたこと、がんばったことを発表する。
◎教師の想定を超える児童の姿を期待している。

4　まとめ

（1）成果

　本授業は6名の児童を対象とする集団指導ですが、鑑賞を除く学習活動は一人一人、教師との1対1の関係の中で行われます。これにより、児童は音楽の内容と同時に個々の自立活動の課題に取り組むことができました。たとえばスイッチで電動マレットを操作してタンブリンを鳴らす活動は、音楽（器楽）の学習であり、自立活動の内容（環境の把握・身体の動き）に取り組むものでもあります。

　自立活動を主とする課程において、教科であり自立活動でもあるという授業づくりを行えたことは、一つの成果と考えます。

　障害の重い児童にも気付きや、「ここまではわかる」「これはできる」ことがあり、それを見出し伸ばすことは自立活動の一部といえます。これを教科の学習の中で生かし伸ばすことが大切です。

（2）課題

　楽器を鳴らすためのスイッチの操作について、まだ随意的な動きが出やすい部位や入力の方向、適するスイッチ、教師の最適な支援などが定まらない児童がいます。自立活動の時間や他の学習場面で指導の継続や新たな工夫が必要です。

　また、本授業では「身近な打楽器に親しむ」という目標に対してタンブリンやカスタネットを使用しました。今後はたとえば和太鼓を大きな音で鳴らすことができるスイッチ教材等を工夫するなどし、児童の笑顔がさらに増えるような授業改善を図りたいと考えます。

●付記

　本授業の原型は平成13～14年度に東京都立特別支援学校でつくられました。自立活動（「みる・きく」）として行われていた授業に、ろう学校の発声を促す学習活動や知的障害校から児童の注意・集中の持続に関する工夫などが導入、ハイブリッドされ、一つの形になっていきました。その後、埼玉県立特別支援学校（平成29～30年度）においてより障害の重い児童に対応するように改善されました。本授業はそれらの資産を受け継ぎ実践されています。

　本書のテーマが実践の継承であることから付記し、授業づくりに関わった先生方と子どもたちに感謝します。

授業力向上シート　教科指導の部

埼玉県立和光特別支援学校　教諭　神谷　幸彦

対象学部・学年	小学部低学年（第2・第3学年）	教育課程	自立活動を主とする課程

学習指導要領における内容等

教科名・段階		音楽・小学部1段階
内容	知識及び技能	A表現　ア（ア）音や音楽遊びについての知識や技能を得たり生かしたりしながら、音や音楽を聴いて、自分なりに表そうとすること。
	思考力、判断力、表現力等	A表現　ア（イ）表現する音や音楽に気付くこと。
	学びに向かう力、人間性等	B鑑賞　ア（ア）音や音楽遊びについての知識や技能を得たり生かしたりしながら、音や音楽を聴いて、自分なりの楽しさを見付けようとすること。

自立活動の観点から必要な配慮

区分・項目	人間関係の形成　（1）他者とのかかわりの基礎に関すること 環境の把握　　　（1）保有する感覚の活用に関すること 身体の動き　　　（1）姿勢と運動・動作の基本的技能に関すること
内容設定の手続き	・歌唱の「声（音）を出して楽しむ」という目標に対し、教師とのかかわりを楽しむ（人間関係の形成）、自分の発する声に気付く（環境の把握）といった自立活動の内容を関連付け、指導した。 ・器楽の「楽器を鳴らすことを楽しむ（電動マレットを使いタンブリンを鳴らす）」という目標に対し、随意的な動きを使う（身体の動き）、自分がスイッチに入力したことにより音が鳴ることに気付く（環境の把握）といった自立活動の内容を関連付け、指導した。

単元名	集団の人数	指導時数
音楽を聴きながら遊ぼう・表現しよう	6名	12時間

単元の目標	(1) いろいろな音楽を聴くことや音楽を取り入れた活動を楽しむ。 (2) 音楽を通して教師や友達とのふれあいを楽しむ。 (3) 声を出して楽しむ（口に意識を向ける、口で音を出すこと等を含む）。 (4) 楽器を鳴らすことを楽しむ。
方法	①はじまりのうた・ふれあい遊び「ホ！ホ！ホ！」（呼名・返事）　②ふれあい遊び「一本橋こちょこちょ」 ③発声遊び「マイクでうたおう」　④楽器遊び「幸せなら手をたたこう」　⑤鑑賞「うみ」（共通教材より） ⑥まとめ（評価）・おわりの挨拶
成果・課題	・鑑賞を除く学習活動は一人一人、教師との1対1の関係の中で行った。これにより児童は音楽の内容と同時に個々の自立活動の課題に取り組むことができた。 ・楽器を鳴らすためのスイッチの操作について、最適な支援が定まらない児童がいる。 ・鳴らすことのできる楽器を増やしていきたい。
他教科等との関連	・運動会の個人種目でゴールしたあとに本授業で取り組んだ楽器を鳴らす課題を披露した。 ・文化祭では国語で取り組む題材「ブレーメンの音楽隊」の中で本授業の学習を発表する予定である。

識者コメント

　教科の指導でスイッチ操作をどこまで取り上げて指導するかについては、教科の特徴や指導目標・内容との関係もあるかと思います。本事例は、音楽の教科の特徴を踏まえた上で、児童一人一人の実態を把握し、指導目標や手立て等について担任間で共通理解を図りながら指導を展開する手続きが参考になります。そして、実践を通じて自立活動の時間における指導との関連が課題になったことは、授業改善の重要なポイントです。自立活動の指導として取り出した指導の成果がどのように教科の指導に生かされたか、その後の経過をもっと知りたくなりました。　　　　　（北川　貴章）

教科指導の部 ｜小学部｜体育

5 自分の体の動きに意識を向ける体育の授業
～「ボールで遊ぼう　玉入れをしよう」～

東京都立光明学園　主任教諭　吉田　光伸

Keywords　①分かりやすさ　②身体の動き　③生涯学習

1 背景と目的

　対象は自立活動を主とする教育課程で学ぶ児童8名です。重い運動障害があり、自力での移動や、意図的な運動動作、様々な姿勢を取ることに対して困難さがあります。近年の肢体不自由特別支援学校の児童生徒の多くが、このような困難さを抱えています。

　体育1段階の内容を見てみると、そこには様々な運動遊びなどの内容を通して、「体を動かす」ことや、その楽しさを表現すること、「運動をしよう」とする態度を養うことなどが含まれています。しかし、「体を動かす」ことが困難な実態があるため、どのように体を動かす指導が適切なのか、安全に身体を動かすにはどうすればいいか、どうやったら楽しく運動やスポーツをすることができるのか、といったことに難しさがあります。そのため、児童主体の活動ではなく受け身的な活動になってしまったり、教師の支援が多くなったりすることがあります。

　体育の目標には、「体育や保健の見方・考え方を働かせ、（中略）生涯にわたって心身の健康を保持増進し、豊かなスポーツライフを実現するための資質・能力」を育成するとあります。体育の授業では、生涯にわたって心身の健康を保持増進していくという大きな目標に向けて、その児童の障害の状態や特性、心身の発達段階、興味・関心を踏まえつつ、自ら体を動かし、運動やスポーツを楽しむ学習が必要です。本報告では、児童にとってシンプルで分かりやすい活動を設定し、実態を踏まえた簡単なゲーム性を取り入れることが、自分の体に意識を向け自ら体を動かすことや、スポーツを楽しむことにつながるのではないか、と考え行った実践を報告します。

2 実践例

【単元名】「ボールで遊ぼう　玉入れをしよう」
（1）学習内容の設定

　学習内容はボール遊びを設定しました。ボール遊びは体育の内容で、よく取り扱われる内容です。ボウリング、的あて、ボール投げ、ハンドサッカー等様々な活動があります。今回は玉入れにしました。運動会の種目になるなど、一般的でなじみのある名称であることと、簡単な合図に従ってボールを目的の場所に入れることや、入れた数の多さで勝敗を決めることなど内容が児童にとって分かりやすいことなどが理由になります。

　ただし、名称こそ玉入れにしたものの、ボールの大きさを個々の実態に応じて変えることや、ボー

ルを入れる目的の場所を分かりやすくするといった工夫を取り入れる必要があるため、一般の運動会で見られるような布製の玉を籠に入れるような玉入れとは違う内容になっています。

（2）単元計画の工夫

今回は、握る、投げる、放す、置くなど、自分なりの方法でボールを取り扱うことを目標にしています。そのため、単元の前半は自分のペースでボールに関わる時間を多く取るようにしました。プラスチック製のカラーボールを基本にしつつ、小さめのピンポン玉や、表面にデコボコのあるボールを混ぜて、本人にとって握りやすく扱いやすいボールを探すようにしました。手のひらを握りこんでしまうことが多い児童も多くいますので、普段から手に丁寧に触れ、手のひらや指でボールを包み込むようにして触れる感じが分かるようにしました。このように自分なりに扱いやすいボールを決めたうえで、単元の後半に玉入れに取り組むようにしました。

（3）指導の工夫

1）分かりやすい合図

体育の授業では笛（電子ホイッスル）を使うようにしました。玉入れの開始と終了の合図はもちろんですが、授業の開始、児童の配置を変えるときや注目する場所・方向を伝えたいときなども笛の音を使うようにしました。「笛の音が鳴る授業＝体育の授業」と児童に伝わるような使い方をしました。次の活動への見通しがもちにくい実態の児童にとって、有効なシグナルとすることができました。

2）分かりやすい活動：ボールを使った活動

玉入れで、児童が取り組む活動は以下のようになります。

> ①始まりの合図を聞く
> ②手でボールを握る
> ③教職員と一緒に目的の場所を確認する
> ④目的の場所に向けてボールを投げる、放すといった、それぞれの活動をする
> ⑤終わりの合図が聞こえるまで②〜④を繰り返す

シンプルな活動で、何をやるかが明確であるため、児童が最後まで集中して取り組む姿が見られました。②〜④の活動が具体的な活動になります。ここが児童の実態に合っていないと、教師の支援が多くなってしまい、児童主体の活動ではなくなってしまいます。単元の前半で、児童が自分にとって扱いやすいボールと、自分なりに扱う方法を決めておいたことで、関わる教職員はそこを踏まえて支援をすることができました。個々の実態に応じた具体的な手立ての工夫は、自立活動の指導との関連も含めて後述します。

3）分かりやすい目的：ボールの行き先

児童にとっての活動は明確になりました。しかし児童の実態は様々です。目を上手に使えない、好きな方向を自由に見ることができないといった見ることに関する困難さがあること、手元を離れたボールがどこに行くのかの見通しをもつことなどの難しさがあります。そこで、ボールの行き先が分かりやすくなるように工夫をしました。

手元を放れたボールの行く先を柱で四角く囲むようにしました。手元から目的の場所はあまり遠くならないように、囲いは大きくなりすぎないようにしました。そして、そこに黒い板を敷くこと

で、転がったボールが見えやすいようにしました（写真1）。体育館の木目の床に比べてコントラストがはっきりして見えやすくなりました。車いすからでも、それ以外での姿勢でも取り組めるように周囲の一部をマットで囲いました（図1）。

4）スポーツにつながるゲーム性

個々の実態に応じた活動を丁寧に行う一方で、玉入れというゲームを楽しむ雰囲気づくりを大切にしました。チームに分かれたときは、それぞれのチームの色のペーパーフラワーを配り、「紅組だよ、青組だよ」と話しました。勝敗が決まったら勝敗表に勝った方のペーパーフラワーを貼り、勝った方を褒め、負けた方は残念がるといった言葉掛けをしました。玉入れではよく、終わったときにボールの数を「いーち、にー」と大きな声で唱えながら数えるので、それを取り入れました。児童の実態から考えると、チーム分けや、ボールの数の多少と勝敗の関係などの理解は難しさがありますが、楽しく取り組み、「勝ったね」「負けたね」といった言葉掛けをすることで、みんなで玉入れ（ゲーム）を楽しむ雰囲気を感じてほしいと考えました。

写真1　玉入れの工夫

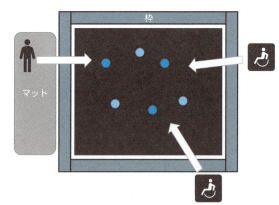

図1　玉入れの配置図

5）自立活動との関連

体育では「体を動かす」ことに取り組みます。そこで自立活動との関連を考えていきます。自立活動は、それぞれの実態に基づいて指導すべき課題と目標を設定し、具体的な指導内容を6区分27項目から設定していきます。体育において「体を動か」しボール遊びをするための姿勢や動作は、6区分の「身体の動き」と関連しています。また、提示されたボールの置かれた位置と自分との関係を理解し、判断し行動することは「環境の把握」とも関連しています。自立活動で指導している目標を根拠に、どのような姿勢や動作でボールを扱って行動するかを、体育における個別の目標とそれに応じた手立てに反映させました。

児童Aの場合、自立活動では「体幹、上下肢の安定性の向上」と「目的的な動作を育てる」ことが目標のため、体育では自分からボールの入っている箱に視線を向け、一つ選んで取り出し、目の前のスロープの前に置いて転がすという一連の行動を目標にし、それに応じて安定した姿勢をつくり、適切な位置に箱や、スロープを設置しました（写真2）。

児童Bの自立活動では「適切な姿勢」をつくり、「身体の動かし方」を意識することが目標のため、体育では、安定した姿勢をつくり、ボールを握った手を開いて目の前に置く、ことを目標にしました。そして手の大きさにあったボールを使う、置く場所が分かりやすいように黒い板を敷く、肘を支え動きを引き出す、といった手立てを設定しました（写真3）。

児童Cの自立活動では、「多様な姿勢をとること」「働きかけに応える力を伸ばすこと」「意図的

に体を動かすこと」等が目標です。今回は車椅子姿勢よりも介助者が身体を支えた方が、視線や首、ボールを押さえた手を動かしやすいことから、マット上で介助で姿勢をつくり、ボールの行き先に視線が向くようにポジショニングしました。そして、言葉掛けと身体の一部に触れることで自ら手を動かすことを目標にしました（写真4）。

このように自立活動の目標と関連させながら、体育の授業の中でそれを活かした個別の目標と手立ての設定ができました。

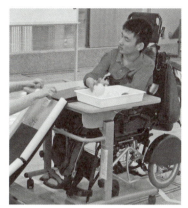
写真2　児童A

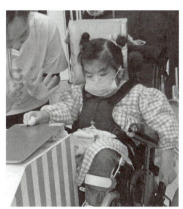
写真3　児童B

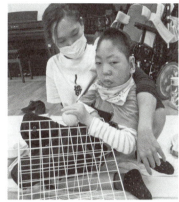
写真4　児童C

3 成果と課題

　自立活動と関連したシンプルで分かりやすい活動の設定は、児童にとって、今日この授業で何をするのかが分かりやすい、ということにつながったと考えられます。授業の中で、自分のやることを意識し自ら体を動かす姿が見られました。体育における知識・技能は、できる・できないで評価する要素が含まれていますが、一つの基準に対してそれを評価するのではなく、その児童の身体や認知の実態を考慮して、個別の目標を設定し、それに対してできる・できないと考える方が現実に即しています。そのためには自立活動と関連させることがとても有効だということを改めて感じます。

　「4）スポーツにつながるゲーム性」の項で触れたように、ゲームの雰囲気を楽しむことを取り入れました。勝敗を発表する瞬間、真面目な表情になったり、「勝ったね」と盛り上がると笑顔になったりといった姿が見られました。これは、自立活動の区分「人間関係の形成」の中の「他者の意図や感情の理解に関すること」「集団への参加の基礎に関すること」にあたります。体育を通して、人間関係の形成につながる授業づくりを行うことができました。近年アダプテッドスポーツの概念が広まってきており、障害のある児童が、将来様々なスポーツに参加する機会も増えていくと思われます。教科指導の中に自立活動の観点を取り入れることで、生涯にわたって運動やスポーツに親しむことにつながる人間関係を形成する力を育てることは大切な視点といえます。

　一人一人の課題に応じた授業づくりをすることで、それぞれの活動の準備に時間がかかります。教材研究を十分に行い、教職員の連携を取ることで、児童が学習に向き合える時間を十分に確保することが大切な課題といえます。

授業力向上シート　教科指導の部

東京都立光明学園　主任教諭　吉田　光伸

対象学部・学年	小学部・5年	教育課程	自立活動を主とする課程

学習指導要領における内容等

教科名・段階	体育・小学部1段階		
内容	知識及び技能	E ボール遊び　ア　教師と一緒に、ボールを使って楽しく体を動かすこと。	
	思考力、判断力、表現力等	E ボール遊び　イ　ボールを使って体を動かすことの楽しさや心地よさを表現すること。	
	学びに向かう力、人間性等	E ボール遊び　ウ　簡単な合図や指示に従って、ボール遊びをしようとすること。	

自立活動の観点から必要な配慮

区分・項目	身体の動き　　　（1）姿勢と運動・動作の基本的技能に関すること 人間関係の形成　（4）集団への参加の基礎に関すること 環境の把握　　　（1）保有する感覚の活用に関すること
内容設定の手続き	自立活動の指導における、「身体の動き」と「環境の把握」に関する目標と関連するように、体育科でボール遊びをする際に育てたい、姿勢や手の動き、感覚の活用、判断や行動等に関する目標と、それに対する必要な手立てを設定した。

単元名	集団の人数	指導時数
ボールで遊ぼう　玉入れをしよう	8名	12時間

単元の目標	・ボールに触れ、自分なりの方法で握ったり放したり投げたりしようとする。 ・簡単なゲームに取り組み、合図や指示を聞いて、ボールを扱おうとする。 ・準備運動や、ボールを使ったゲームに関心を向けて取り組むことができる。
方法	・単元の前半では、ボールの扱いに慣れ親しみ、自分なりの身体の動きで扱う時間を十分にとる。後半ではその動きを活かして玉入れに取り組むが、ボールを転がす場所を視覚的に分かりやすくするなどの配慮を行い、ゲームの目的の理解を促し活動に楽しく取り組めるようにする。
成果・課題	・ボールを目標に向かって投げる、放す、転がすということを意識して、視線を向けたり体を動かすことができた。簡単なゲームの中で、勝敗を知らせる等をして、スポーツや競技性につながる楽しさを伝えられた。 ・人数が多く、個々の姿勢づくりなどに時間がかかることが課題である。
他教科等との関連	同時期の学習で、国語算数では大きさの違い、図工では形（まる）の中に色を塗る活動をし、ボールの「まる」と関連させて扱うようにした。また図工では筆先を見る、筆を握る、筆を動かす方向を意識することに取り組んだが、ボールを投げる際の言葉掛けでも、見る、握る（放す）や、方向を意識した言葉を用いた。

識者コメント

　重い運動障害のある児童がいかに自分の体に意識を向け、スポーツを楽しむことができるかを丹念に考えた事例です。児童の個別の目標と手立てを自立活動の内容から設定し、教科の指導の工夫として分かりやすい合図・活動・目的とスポーツにつながるゲーム性を取り入れることで、自らの身体への意識と併せて玉入れという活動への意識ももちながら主体的に授業に参加する姿が見られるようになっています。自立活動の指導が各教科等において育まれる資質・能力を支える役割を担っていることを改めて実感できる事例です。

（織田　晃嘉）

教科指導の部 | 小学部 | 図画工作

6 児童が主体的に取り組む図画工作
～光と色のファンタジー～

東京都立光明学園　主任教諭　飯田　万裕

Keywords　①主体的な学び　②図画工作

1 目的

　本授業の対象は肢体不自由特別支援学校に所属する、小学部3年生12名の自立活動を主とする教育課程で学ぶグループです。自発的な動きは少ない児童が多いですが、教材を見たり、教師の話を聞いたりする中で積極的に学ぼうとしています。そして、見たり聞いたりすることはもちろんですが、このグループの児童たちの発達や、認知的な特性から考えると、身体のイメージを高めること、触覚に働きかけることが特に必要な段階です。感覚的な刺激をたくさん感じることで、成長していくことができる児童が多いというのが本グループの特徴です。

　図画工作の授業においては、特性が違う材料に多く触れたり、教師の提示する教材に注目し、興味・関心をもって主体的にその材料や素材へ関わろうとしたりすることが目標になります。

　身体の様子や姿勢に関しては、それぞれの児童が個々に制約がある状況ですが、どの児童も、教材に対して自分ができる方法で関わろうとする意志をもっています。児童の学習をしたいという気持ちに応えるために、身体の状況に応じて、教材を工夫したり、提示の仕方を変えたりして主体的な行動を促していきます。

　本授業での教材はカラーセロファンを用います。カラーセロファンでラミネートシートを作成することがこの活動のゴールです。そのゴールに向かう過程で、カラーセロファンを見たり、触ったりすることで色や形の変化に気付けるようにと考えています。活動の過程の中で、児童の五感に働きかけていくことを大切にしています。カラーセロファンは光が反射しやすく、見え方が角度や光の当たり方によって、様々に変わる素材です。そして触れたときに形状が変化しやすいという特徴もあります。

　このようなことから、本グループの授業では、カラーセロファンを用いることが有効であり、カラーセロファンの色や形状の変化に気付くような指導・支援が、児童が図画工作科における物の見方や考え方を深めていくことへつながると考えています。

2 実践例

(1) 手指の体操

　本グループの図画工作の授業では、どの単元でも必ず最初に、「手指の体操」をすることにしています。「手指の体操」は音楽に合わせて、教師や学校介護職員が児童の手のひらや指を握ったり、

揺らしたり、伸ばしたりする取組です。児童の手指にじっくりゆっくり触れることで、心地よく、リラックスできるように働きかけます。この活動を通して、児童の身体感覚や身体イメージを高めることができると考えています。また「手指の体操」を毎回行うことで、児童がこれからたくさん手を使って活動する、図画工作の授業が始まることを意識できるということもねらいです。「手指の体操」で児童の図画工作の授業に対する期待感を高めていきます。

そして、この活動は自立活動と関わるところでもあります。MT（メインティーチャー）の言葉かけに合わせて一斉に体操を進めますが、その内容、関わり方については個々の自立活動の指導内容により、一人一人の重点的な取組や手だて、配慮に応じて行っています。例えば、自閉症スペクトラム障害の児童Aの場合は、「環境把握(2)感覚や認知の特性についての理解と対応に関すること」が重点的な指導内容になっていて、感覚の過敏性を和らげるようなアプローチを意識しています。上肢の変形、拘縮のある脳性まひのB児の場合は、「身体の動き（1）姿勢と運動・動作の基本的な技能に関すること」が重点的な指導内容となっていて、手指の関節拘縮のある部分を広げたり、緩めたりすることを意識した関わりをしています。このように「手指の体操」では、一斉に同じ関わり方、内容で取り組んでいるわけではなく、児童12名、一人一人の自立活動における指導内容に基づいた関わり、内容で取り組まれています。

（2）なんだろうな？

「手指の体操」と同様に、「なんだろうな？」もいつも図画工作でやっている活動です。「なんだろうな？」では、その日に使う材料を、中身が見えない「？ボックス」に入れます（写真1）。あえて材料をボックスに隠しておくことで、児童の「触ってみたい」という主体的な気持ちを引き出すようにしています。本単元では、ボックスの中に入っているカラーセロファンを引っ張り出して、それを見ることで、その日の活動で使う材料はどんなものであるかということを理解できるようにしています（写真2、3）。

さらに「なんだろうな？」は「手指の体操」で高めた図画工作の活動への期待感を、さらに大きくしていくというねらいもあります。中に入っているものは何だろうという気持ちを児童がもち、図画工作の授業に積極的に取り組む気持ちを育てていきます。

写真1　　　　写真2

写真3

（3）触ってみよう見てみよう

ここでは「？ボックス」から出したカラーセロファンを音楽に合わせて、丸めたり、広げたりします。またカラーセロファンを目の前でかざすことで色の変化を感じられるようにします（写真4）。これは特別支援学校小学部学習指導要領〈知的障害：図画工作1段階〉の共通事項の内容である「自分の感じたことや行ったことを通して、形や色などに気付くこと」や「形や色などを基に、自分のイメージをもつこと」を反映させた活動です。

また、カラーセロファンを丸めたり、広げたりする活動では国語科との関連性も意識しました。丸めるときには「ぎゅっぎゅっ」、広げ

写真4

写真5　中庭でカラーセロファンを見ている場面

6 児童が主体的に取り組む図画工作

るときには「のびのび」と言葉をかけるようにしました。本グループの国語の授業ではオノマトペを使うことを意識して、言葉と動きが結び付くように特に意識して指導しています。これを図画工作でも関連付けて指導を行います。

そして、「触ってみよう見てみよう」では、活動を屋外ですることにしました。「手指の体操」や「なんだろうな？」は教室で行いますが、ここでは活動場所を変えていきます。ずっと同じ場所で活動していると、児童によっては集中力がなくなったり、覚醒水準が落ちてしまったりします。そこで、「触ってみよう見てみよう」の場面では、活動する場所を大きく変えて、児童の気持ちをリフレッシュするようにしました。

また、カラーセロファンは、教室の蛍光灯の光の下と、太陽の光の下では見え方が異なります。そのような環境の差による素材の特徴について、気付くこともねらいとしています（写真5）。

（4）つくる

この活動では「触ってみよう見てみよう」の活動でたくさん触れたカラーセロファンを用いて作品を作ります。まずはカラーセロファンをちぎっていきます。ここではカラーセロファンをちぎりやすいように教材の工夫をしました。画用紙に穴をあけ、そこにカラーセロファンを置き、切れ込みを入れておいたのです。そうすると身体的な特徴から、手の動きに制約がある児童でも一人でちぎることができるのではないかと考えました。この授業ではちぎるということがメインの活動になるので、どの児童も主体的に活動できるにはどうしたらいいかということを考えた上で、このような工夫をしてみました（写真6、7、8）。

また「つくる」の場面では学習環境の工夫もしました。これまでの図画工作の「つくる」時間では、同じ教室で一斉に授業をしていました。そうすると、周りの友達や教師が気になって、なかなか「つくる」活動に集中できない児童がいました。

写真6

そこで本単元の本授業では、パーティションを用いて教室を二つに分割して、小グループで学習できるようにしました。外的な刺激を少なくし、活動に集中できるような環境にしてみました。

そしてここでは算数科との関連性を意識した学習も取り入れました。ちぎったカラーセロファンはラミネートシートに置いていくのですが、5つだけ置くということにしました。ラミネートシートにカラーセロファンを一対一対応で置いていくこと、教師と一緒に数えながらカラーセロファンをのせていくことを通して、算数で学んでいる＜1段階：ものとものとを関連付けることに注意を向ける＞ことに関連付けるようにしました。

写真7　　写真8

シートに置いたカラーセロファンを、ラミネート加工して作品の完成です（写真9、10）。

写真10

写真9

（5）みる

完成したカラーセロファンシートを鑑賞します。ここでは部屋を暗くして、カラーセロファンにライトを当てて見てみました（写真11）。これまで授業

写真11

57

の中では、教室の蛍光灯の下や、太陽光の下でカラーセロファンを見てきました。最後の鑑賞の場面では、また状況を変えることによって、カラーセロファンの見え方が変化するようにしています。一つの素材であっても複数の見え方があるのだということへの気付きを促します。

3 成果と課題

(1) 手指の体操

　図画工作の授業で継続して行うことで、教師に手を触れられることに慣れてきました。最初は、人に触れられるのを嫌がっていた児童も、教師や学校介護職員が粘り強くやさしく丁寧に触れていくことで、その働きかけを受け入れられるようになってきています。人に触れられる感覚に慣れていくこと、触れられている部分を意識することで、身体に伝わる感覚を受け止め、ボディイメージへつながっています。自立活動の「人間関係の形成」「身体の動き」の内容がここでしっかり関連付けられています。このような積み重ねで、以前より授業へ積極的に取り組めるようになっています。

(2) なんだろうな？

　「？ボックス」が出てくると児童の期待感がかなり高まるようになっています。身を乗り出して「？ボックス」を見たり、「？ボックス」が近くにくると、中に入っているものを試行錯誤しつつ取り出したりしようとするようになりました。主体的な学びがこの活動を通してできるようになりつつあると実感しています。

(3) 触ってみよう見てみよう

　カラーセロファンにたくさん触ることができました。音楽に合わせることで、気持ちが盛り上がり、自分から触ってみようという気持ちになった児童が多かったです。太陽の光が反射して、カラーセロファンがきらきら輝く様子にも注目していました。

(4) つくる

　画用紙をくりぬきカラーセロファンを貼り、それに少し切り込みを入れておく教材を用意しておくことで、どの児童もカラーセロファンをちぎることができました。自分だけの力でできたという達成感が得られたのではないかと感じています。ただ「つくる」時間については、児童の実態により制作に要する時間が異なり、待ち時間が多くなる場面がありました。指導体制を工夫して、解消していきます。

　また、環境面では「つくる」活動は小集団で設定して、児童の集中を高めるように工夫しましたが、個人作業の時間になると、教職員の言葉が飛び交い、教室内が雑然としてしまうことがありました。教師や学校介護職員と、授業について共通認識を深めて、必要以上の言葉掛けをせずに児童が主体的に行動できるような授業にしていきます。

(5) みる

　暗い部屋の中で光る、自分たちの作品を見ることができていました。暗い中であると特に注目ができるようで、やわらかい表情で、カラーセロファンで作った作品を注視する児童の姿が印象的でした。

　授業全体を通してカラーセロファンという素材に興味をもち、積極的に児童が活動に取り組んだという実感が生まれました。

授業力向上シート 教科指導の部

東京都立光明学園　教諭　飯田　万裕

対象学部・学年	小学部・3年	教育課程	自立活動を主とする教育課程

学習指導要領における内容等

教科名・段階		図画工作・小学部1段階
内容	知識及び技能	A表現　　ア（イ）身の回りの自然物などに触れながらかく、切る、ぬる、はるなどすること。 【共通事項】ア（ア）自分が感じたことや行ったことを通して、形や色などについて気付くこと。
	思考力、判断力、表現力等	B鑑賞　　ア（ア）身の回りにあるものなどを見ること。 【共通事項】ア（イ）形や色などを基に、自分のイメージをもつこと。
	学びに向かう力、人間性等	―

自立活動の観点から必要な配慮

区分・項目	環境の把握（1）保有する感覚の活用に関すること 身体の動き（1）姿勢と運動・動作の基本的技能に関すること
内容設定の手続き	上記の項目を関連付けた指導内容である手指の体操を授業の冒頭で取り組み、個々の児童に応じて固有覚に働きかけたり、材料に関わる時間を設け、見るだけでなく、触れる時間を大事にしたりして、図画工作科の指導目標の達成に向け配慮や手立てをしている。

単元名	集団の人数	指導時数
「光と色のファンタジー」	12名	7時間

単元の目標	・カラーセロファンを丸めたり、ちぎったりする。 ・カラーセロファンの色の違いに気付き、手や表情、視線の動きで表現する。 ・カラーセロファンを見ながら、手を動かし、興味・関心をもって関わろうとする。
方法	①「手の体操」手指に触れらえることを通して手指の動き、感覚を意識する。 ②「なんだろな？」「？」ボックスからカラーセロファンを引っ張り出す。 ③「触ってみよう見てみよう！」カラーセロファンを丸めたり、広げたり、色の違いを見て感じる。 ④「つくる」カラーセロファンをちぎる。ちぎったカラーセロファンをラミネート用紙に置き、ラミネートする。 ⑤「みる」ラミネートして完成したカラーセロファンのシートにライトを当てて、鑑賞する。
成果・課題	「？」ボックスが出てくると、「なんだろう？」と身を乗り出して見たり、自分から手を箱の中へ入れて、カラーセロファンを自分なりに試行錯誤しながら引っ張りだそうとする様子が見られるようになった。カラーセロファンの色の違いや色が変化したことの面白さを感じ取り、発声や手の動きで表現する児童が増えた。カラーセロファンに切れ込みを入れたことで、手指のわずかな動きでもちぎれたり、取れたりしたので、児童が自分の力でできたという達成感を生み出すことができた。
	児童の実態に応じて制作時間にばらつきがあり、待ち時間が生じてしまうので工夫が必要。また、人数が多いため、個人作業になると、教職員の指示が飛び交い、雑然としていて児童が集中して取り組める環境になっていない。
他教科等との関連	【国語】丸めるときには「ぎゅぎゅ」、ちぎるときには「びりびり」など、様々な場面で、オノマトペを使うことを意識し、言葉と動きの結び付きや手の動きへつなげられるような言葉掛け、言葉の使い方にしている。 【算数】ちぎったカラーセロファンをラミネートシートに「5」置くと数を決めて、手元から一対一対応でカラーセロファンをシートへ移したり、一緒に5まで数えたりしている。

識者コメント

　本実践では、児童の興味・関心を引き出し、実際に自身の手や指先を動かしながら、じっくり素材に触れることで、図画工作科の物の見方や考え方を深めている点が素晴らしいと感じました。触れる活動では、手指の体操といった児童の動きを引き出すための事前準備があり、リラックスした姿勢で素材や手元に視線を向けながら触れることができています。このような学習環境下で、児童が教材に触れて得た指先や手のひらの感覚、素材の音や輝き、形や色の変化などを捉えさせ、感性や想像力を育むことへつなげている点を参考にしていただきたいです。

（藤本　圭司）

教科指導の部 ｜中学部｜国語

7 「言葉で一体感を味わおう」
~詩「き」の世界~

東京都立光明学園　主任教諭　赤松　亜希

Keywords　①読み聞かせ　②言葉のもつリズム　③題材の工夫

1 背景

　現在担当している生徒たちの実態を紹介します。肢体不自由教育部門の中学部で自立活動を主とする教育課程に在籍する生徒9名で学習を行っています。本単元の目標は知的障害特別支援学校学習指導要領小学部1段階の内容に基づき作成をしていますが、小学部での教育活動を通して積み重ねた経験から、名前呼びや働きかけに気持ちを向け、笑顔になったり、声や手を出すなどの方法で応えたりすることができます。また簡単な取り組みには見通しをもち、期待感を表情や声で表すことができます。一定期間継続して活動を積み上げていくと、活動内容が分かり、自分から「やりたい」という要求を何らかの手段で伝えることができます。大好きな先生がいて、気持ちを寄せたり、不安な気持ちを支えてくれる存在として関わったりすることができる生徒たちです。
　どの教科の指導の中でも共通して大切にしていることは、3点あります。

〈大切にしたい3つのこと〉
①分かりやすい内容設定。見通しをもって活動に取り組むことができるようにすること。
②楽しかったと思える授業。安心できる大人と楽しいまたは楽しい予感がする活動をたっぷり行うようにすること。
③気持ちを共有する。活動を通して気持ちを大人と通わせ、心地好さを感じることのできるやりとりを丁寧に行うこと。

2 教材観について

　すべての学習活動は、学習指導要領の教科の目標が達成できるかを大切にして設定していかなければなりません。そのうえで上記にある大切にしたい3つのことが実践できるよう、本単元の学習内容は読み聞かせと箱積みの2つに絞りました。

（1）詩「き」を選んだ理由と段階の目標との関連
・リズミカルな言葉で話がすすみ、聞いていて楽しくなる。（段階の目標ア）
・段落が12程度で集中して傾聴できる長さである。

（2）箱積みと詩の読み聞かせを合わせた理由と段階の目標との関連
・積まれた箱を倒す活動が好きな生徒が多い。
・好きな活動と言葉のリズムを合わせると言葉がより身近に感じられる。（段階の目標イ）

・箱の積み重ねが言葉の積み重ねにリンクして見通しがもちやすい。（段階の目標ウ）

3 実践

（1）読み聞かせの場面

　言葉の響きに興味がもてるよう、読むテンポ、言葉の強弱など読み方を生徒の反応を見ながら改善していきました。また、読む場所を変えて多方面から読むことで、空間の広がりを意識できるようにしました。読んでいる人に気持ちを向け、言葉の響きの違いに気付く生徒もいました。

（2）箱積みなどの場面

　積まれた箱を倒すという生徒たちの大好きな遊びを取り入れ、段落に合わせて箱を積み上げる活動を設定しました。詩を読んでいくごとに箱が積み重なるので、その場の状況と結び付けて言葉を覚え、言葉掛けで活動を期待し、安心して楽しむことができました。また見通しをもって箱が積まれていくのを追視したり、安心して箱に自分から手を伸ばしたりすることができました。

4 授業の振り返りの方法（評価）

　授業を振り返る際には、前述の「大切にしたい３つのこと」を生徒が達成できているかが重要なポイントです。大切にしたいことの①については「活動内容を理解し主体的に取り組んでいるか」と、②については「言葉のリズムを心地好いと感じられているか」と、③については「働きかけに何らかの手段で自分から応え、伝えているか」と捉えていきました。それを「教科の目標による視点」と「自立活動の指導による視点」とに分けて考えていきます。

（1）「教科の目標による視点」について

　授業で準備した教材や課題は教科の目標に合っているか、学習指導要領にある国語の目標からはずれていないかは一番重要なことです。教材や課題は生徒の実態に合っていて興味がもてるものなのか、言葉による価値ある充実した学習活動が行えているのか見直していくと、授業の中で私たちが発する言葉一つ一つに気を配れるようになります。言葉を大切にして教師が生徒と関わっていくことは国語の授業では欠かせない視点です。

（2）「自立活動の指導による視点」について

　その考え方の一例を述べていきます。

①「健康の保持」と「心理的な安定」の側面から

　授業が始まる前に、すでに不機嫌そうだったり、さあやるぞ！という感じでなかったりする生徒がいた場合、今日の体調はどうなのだろうか。気温のせいで体温調整がうまくいかないのだろうか。排泄のリズムは、睡眠リズムはどうだろう。いろいろな考えが浮かびます。自立活動の時間や休憩時間にこれらの情報を保護者や学習集団の教職員と共有をして把握しておくと、事前に生徒の位置を変えたりするなど、環境設定を工夫したうえで授業をスタートできます。また、授業をすすめる

うえでも配慮した言葉掛けや進行が行え、全体の流れがスムーズになると考えられます。

②「人間関係の形成」の側面から

学習指導要領解説にあるように「（1）他者とのかかわりの基礎に関すること」は、「人に対する基本的な信頼感をもち……」とあるように、身近な教師である私たちが生徒から信頼される人でなければなりません。現在の学習集団の生徒たちには、好きな活動を基本とした学習内容を設定し、安心して授業に取り組み、教師が読む言葉にしっかり気持ちを向けられるよう、また働きかけを受け止められるよう工夫しています。その工夫が生徒の面白さに合致すると、生徒は詩を聞いて、楽しい、穏やかな気持ち、心の高まりを感じることができ、よい表情で教師の働きかけを受け止めることができると感じます。

③「環境の把握」の側面から

授業の内容が分かるためには、保有する感覚を活用する必要があります。それができるように、個々の感覚の状態とその活用方法が的確か、また保有する感覚で受け止めやすいような情報の提示をしているかなどを教師集団だけでなく、外部専門家にも見てもらい、改善につなげていく必要があります。詩を読む場所、声の大きさ、箱の大きさ、提示の高さ、位置などに悩み、改善を重ねていった結果、生徒が満足そうな表情で授業に取り組むことができるようになりました。「分かった」と感じたときの生徒の表情を見ることは何にも代え難い喜びです。

④「身体の動き」の側面から

車いすや座位保持椅子に座って授業することが多いのですが、リクライニングの角度、手や足の位置、テーブルの高さ等、現在取り組んでいる学習に対してその姿勢が合っているかには注意する必要があります。学習集団や外部専門家、自立活動部の教師の助言を受けて工夫改善すると、生徒は自分から手を動かしたり、声を出したり、追視の範囲が広がったりとより意欲的に授業に取り組むことができるようになりました。

⑤「コミュニケーション」の側面から

今回の授業で一番大切にしてきたことは、「詩を読み合ったり、一緒に箱を積み重ねたりして、教師と一緒に楽しみ、一体感を得る」です。どのような方法だと言葉を通して他者と一体感を覚えることができるか、または言葉を通して他者とつながることで楽しさを膨らませられるか悩みながら活動内容を検討した結果が大好きな先生たちが詩を読んだり、大好きな活動に合わせて詩を読んだりするということでした。

また学習指導要領にあるように、「人とやりとりをすることや通じ合う楽しさを感じさせながら、他者との相互的なやりとりの基礎的能力を高める指導」ができているかを大切にして働きかけを行っているかを、自分の授業を録画するなどして客観的に見ていく必要があります。働きかけた後、生徒の応答をしっかり待ち、応答を認め、受け止める、生徒が主体的に活動できるように間をもって関わることができると、生徒は自分から表情や声で気持ちを伝える姿を見せてくれると感じています。

教科の目標を達成するために自立活動の側面が密接に関わってくるということを生徒Aの姿から具体的に見ていきます。

箱積みの学習では箱を積む際にリズムに合わせて声を出してほしいという目標がありました。とても緊張が強い生徒なので、力が入りすぎると声がうまく出せなくなります。国語の前の自立活動の時間では、うつぶせなどで身体の緊張を緩める活動に取り組むことでリラックスでき、声が出るようになりました。また、追視の幅が広くない生徒が多い集団でしたので、最初は積む箱は生徒一人一人の机にのるぐらいのサイズにしていました。しかし、あまり楽しそうでなかった生徒Aの姿があり、追視の幅が広いこともあって、大きな箱を積むことにしてみました。生徒Aは高く積まれた箱を見て、より期待感をもって箱に注目し、言葉掛けに応えるように声を出すことができました。

　教科の指導目標や指導内容を踏まえ、自立活動の個別指導計画に示してある項目同士を関連付けた具体的な指導内容を参考にしながら、配慮や手立てにつなげる工夫ができているかを授業者はもちろん、指導に関わる教師すべてが意識していくことが、授業力向上においてとても重要です。

5 課題

　言葉でつながる感覚は弱く、また緊張が強い、医療的ケアを受けているなどの制限が多い生徒たちなのですが、自分の気持ちを親しい人と共有する喜びを知っているので、言葉を使った楽しい活動では身近な教師に向かって、または授業者に向かって気持ちを伝えることができます。授業に意欲的に取り組むことができた生徒たちの姿は、とてもうれしいものでした。

　今後も国語の学習を通して、言葉のよさに触れ、言葉を通して他者と気持ちを共有しやりとりをすることや通じ合う楽しさを膨らませていけるような単元を設定できるよう、また自立活動の学習指導の充実を図り、よりよい配慮が工夫された授業を展開することで、学習のねらいが達成できるよう教師としての資質を高めていきたいです。

授業力向上シート 教科指導の部

東京都立光明学園　主任教諭　赤松　亜希

対象学部・学年	中学部	教育課程	自立活動を主とする課程

学習指導要領における内容等

教科名・段階		国語・小学部1段階
内容	知識及び技能	ア（イ）言葉のもつ音やリズムに触れたり、言葉が表す事物やイメージに触れたりすること。 イ（イ）遊びを通して、言葉のもつ楽しさに触れること。
	思考力、判断力、表現力等	A聞くこと・話すこと　イ　身近な人からの話し掛けに注目したり、応じて答えたりすること。 C読むこと　エ　絵本などを見て、次の場面を楽しみにしたり、登場人物の動きなどを模倣したりすること。
	学びに向かう力、人間性等	─

自立活動の観点から必要な配慮

区分・項目	心理的な安定　　　（1）情緒の安定に関すること 人間関係の形成　　（1）他者との関わりの基礎に関すること コミュニケーション（1）コミュニケーションの基礎的能力に関すること
内容設定の手続き	・1時間目には身体の取組や、教師との心地好いやりとりなどを通して、心理的にも身体的にも情緒の安定を図る取組が必要である。それによって活動への意欲を促す。 ・好きな活動や伝わりやすい教材を提示して他者と気持ちを共有できるようにする。 ・自分から働きかけに応えた際は言葉掛けしてやりとりをすることや通じ合う楽しさを感じられるようにする。

単元名	集団の人数	指導時数
詩「き」の世界	9名	5時間

単元の目標	・言葉の響きのよさに気付き、感じたことを声や身体の動きで表出する。 ・言葉のリズムを通した関わりを受け止め、働きかけに応えるなどのやりとりを行う。 ・簡単な見通しをもって言葉遊びに取り組み、自分から教材等に関わる。
方法	・詩の読み方（スピードや区切り方）や読む人、人数などに工夫をし、心地好いテンポや響きなどに気付くことができるようにする。 ・段落ごとに箱を積み上げるなどの活動を取り入れ、言葉の重なりに気付くことができるようにする。 ・提示位置や教材の大きさを工夫して全員が絵本や箱に注目し関わることができるようにする。 ・生徒の実態は知的小学部1段階として目標を設定しているが、生活年齢を考慮して題材の絵本は言葉は幼すぎないもので、響きが心地好いものを選んだ。
成果・課題	・詩を読む教師の言葉に気持ちを向け、声の出る方を見て笑顔を向けたり、読み終わると感想を言うように声を出したりすることができた。 ・箱を積み上げる様子を見て期待感を表情や身体の動きで表出したり、教師と一緒に積もうと手を伸ばしたりして自分から関わろうとすることができた。 ・今後も言葉を通して他者と気持ちを共有し、やりとりをすることや通じ合う楽しさを膨らませていけるよう取り組んでいきたい。
他教科等との関連	本単元に関してはなし。

識者コメント

　自立活動を主とする教育課程で学ぶ9名の生徒の集団での国語の授業実践です。国語の目標は「言葉のもつ音やリズムに触れたり、言葉が表す事物やイメージに触れたりすること。」です。題材設定が難しいのですが、本実践の詩「き」は、リズミカルな言葉と箱積みを組み合わせることで適した題材となりました。さらに、自立活動の指導がしっかりと踏まえられており、国語の学習を支えていることはとても重要です。教科とそれを支える自立活動の指導の見本となる実践であると言えます。

（川間　健之介）

教科指導の部 ｜小学部｜国語

8 自立活動の視点を活かした教科「国語」の指導
～教科書「こくご☆」を教材に～

東京都立小平特別支援学校　指導教諭　椎名　久乃

Keywords　①要求伝達　②応答的共同注意　③自立活動の視点を活かした教科指導

1 背景と目的

（1）授業の概略

【対　象】小学部高学年（4・5・6年）
　　　　　自立活動を主とした教育課程
　　　　　児童数7名
【教　科】国語
【単元名】きせつのことばをかんじよう～つゆ～
【教材名】文部科学省著作教科書「こくご☆」
　　　　　P34～41「はるなつあきふゆ」
【単元の時間数】全5時間

教科書「こくご☆」P34「はる」

【単元の目標】
・言葉のもつ音やリズムに触れたり、言葉が表す事物やイメージに触れたりする。
・教師と一緒に、スライドやイラストや物など示された事物に気付き、注目する。
・言葉や発声・身振りで表すことやそのよさを感じるとともに、言葉を使おうとしたり声を出したり身振りで表現したりする態度を養う。

特別支援学校小学部学習指導要領　第2章　各教科〔国語〕2各段階の目標及び内容
○　1段階　（1）目標（2）内容から以下、三つの柱・観点を取り上げました。

（1）目標
〔学びに向かう力、人間性等〕
　ウ　言葉で表すことやそのよさを感じとるとともに、言葉を使おうとする態度を養う。
（2）内容
〔知識及び技能〕
　ア　言葉の特徴や使い方に関する次の事項を身に付けることができるよう指導する。
　　（イ）　言葉のもつ音やリズムに触れたり、言葉が表す事物やイメージに触れたりすること。
〔思考力、判断力、表現力等〕
　C　読むこと
　　ア　教師と一緒に絵本などを見て、示された身近な事物や生き物などに気付き、注目すること。

本単元は、季節のイラスト（こくご☆「はるなつあきふゆ」）を見て、季節を表す言葉を聞くとともに、それらのイラストを言葉と結び付けて体感することをねらいとしています。今回は、「梅雨」を題材に、身近な季節を感じ「雨」を想起できるようにしました。「雨」に関連する生き物「カエル」を教材に取り上げ、気付きや注目する力の向上をねらいとしました。これは、提示されたものを把握する力の素地になると考えます。また、オノマトペなどの言葉をイメージした身体表現を教師と共にすることで、表現する意欲の高まりを期待しました。この学習を通して、伝える力の基礎を育て、要求伝達へとつながる力を身に付けることを目指しました。

（2）教科と自立活動との関連

　自立活動は「自立活動の時間」だけで行うのではなく、国語や算数など各教科の指導を行う際にも密接に関連します。自立活動の6区分27項目は、教科学習の様々な場面で児童生徒の学習活動を支える土台となり、教師は教科の目標を達成できるように自立活動の視点をもって手だてや支援を考えていかなければなりません。一人一人の自立活動の指導が、教科の指導をする際の配慮や手だての基盤となるのです。

　本単元では特に以下の区分項目を重点課題としました。

> 　2　心理的な安定　　　（1）情緒の安定に関すること
> 　4　環境の把握　　　　（2）感覚や認知の特性についての理解と対応に関すること
> 　6　コミュニケーション（1）コミュニケーションの基礎的能力に関すること

2 自立活動の視点

（1）「2　心理的な安定」に関わること

◆重点設定項目（1）情緒の安定に関すること

　対象の児童は、何かのきっかけや要因で、心理的な緊張や不安な状態に陥ることがあるので、安定して授業を受けるためには教師の働きかけや環境の調整が必要です。

①「授業カード」の活用

　「授業カード」（授業で何を行うか示したカード）は、児童生徒が見通しをもちやすくするための有効な手だてです。そのため、児童生徒の学習習得状況や実態に応じた授業カードの提示が必要です。

②授業の流れ・展開の一定化

　授業の流れを一定にすることも心理的な安定につながります。毎回「手あそび」「よむ」「やってみよう（再現活動）」と同じ流れにすることで、新しい単元になっても、児童は次を予測することができ、不安を軽減することができます。

「授業カード」（あいさつ）

（2）「4　環境の把握」に関わること

◆重点設定項目（2）感覚や認知の特性についての理解と対応に関すること

　対象の児童らは、運動の制限はあるものの自分自身の身体の動きを把握し、自分で調整して周囲

に働きかけることができます。そこで、視覚と運動を連動させ、意図した方向を見たり指差したり模倣したりすることができることを課題としました。

①情報の精選

感覚的な情報量が多いと提示されたものを的確に捉えることが難しくなるため、情報を精選しました。模倣を促す学習では、例えば腕を縮めて伸ばすなど単純な動きのみを行いました。注目を促す「C読むこと」の学習は、教室内を暗くし、提示する教材のみに光を当てて見てほしいものだけが見えるようにしました。

②活動のまとまりの時間　「心理的な安定」との関連

本対象にはASDやADHDがある児童がおり、活動の集中時間が短いので、集中時間に応じて、学習のまとまりの時間を短く設定しました。また、対象児童らは前庭覚・固有覚への刺激を快の刺激として受け止めるので、活動の合間に「オノマトペ」に合わせた身体の動きを取り入れることで、学習のねらいに集中できるように展開を組み立てました。

（3）「6　コミュニケーション」に関わること

◆重点設定項目（2）感覚や認知の特性についての理解と対応に関すること

対象児童らは、言葉による指示だけではなく、身振りや絵などを併用することで理解ができます。そこで、提示されたものを把握する力の素地となる、気付きや注目する力の向上を課題としました。やりとりを楽しみながら自分の意図を相手に伝える力を伸ばすこと、また、授業者から離れた場所に提示物を示し指差しでの気付きを促す（応答的共同注意）ことで、要求伝達につながる力をつけることを目指しました。

①教師が指差したものを見る（応答的共同注意）

対象児童らの中には、自分の要求を表出しても相手に伝えることがない児童がいます（要求表出はできるが、要求伝達はまだ）。例えば、外に行きたいと教室のドアを叩きますが、そのときに教師の方を振り向いて伝えることをしません。そこで、人への志向性を高めるために、教師と同じものに注意を向ける経験を積み重ね、教師の指差しや視線に対して応答する力を育て、要求表出の発達につなげたいと考えました。

本単元では、「教師が指差したものを見る」という場面を多く設定しました。教師との1対1の関係（二項関係）の段階の児童（7名中1名）には、難しい課題でしたが、「4　環境の把握」とも関連付け、「指差す教師」「対象物」をライトアップするなどの工夫をすることで「教師の指差し」⇒「ものの出現」⇒「音による刺激の追加」の順番で提示することにより具体物に注目することができました。三項関係の成立が育ってきている児童は、他の支援を追加せず「教師の指差し」の段階で対象物を見ることが増えてきました。

教室内を暗くして教材と授業者だけをライトアップして視覚情報を精選

3 成果と課題

　教科学習は、各教科の目標に基づいて行われますが、その目標を達成するためには、児童生徒一人一人のための手だてが必要となります。その手だては、自立活動の視点ととても関連が深いことが分かります。今回、授業づくりをするときに、自立活動の視点に立つことによって、児童にとって分かりやすく、授業をより円滑に進めることができることが明らかになりました。また、授業づくりに自立活動の視点を活かすためには、自立活動の時間の指導の充実が欠かせないのです。

　「６　コミュニケーション」に関わることでは、「応答的共同注意」の力の向上の視点をもつことで、「自分」と「もの」の二項関係から、間に「他者」を介する三項関係への広がりを目指した指導を行うことができました。二項関係の段階にいた児童が、教師の顔を覗き込んで微笑みかけるという変化も見られ、要求表出から要求伝達への芽生えが感じられました。

　気を付けなければいけないのは、自立活動の視点を重視するあまり、教科の目標が曖昧になってしまうことです。教科学習では、教科の「見方・考え方」を働かせ、その教科における育成を目指す資質・能力を身に付けることが求められます。国語の授業では、当然、国語の「見方・考え方」を働かせること、それは「言葉による見方・考え方」を働かせることが、目標となります。自立活動の視点は授業づくりにおいて大切な視点となりますが、それが単元の目標ではないということには注意が必要です。

　今回の単元では「心理的な安定」や「環境の把握」の視点からも身体活動を取り入れましたが、それは「言葉のもつ音やリズムに触れる」「言葉が表す事物やイメージに触れる」という国語科としての単元目標を達成するための学習活動の一つです。「コミュニケーション」の視点から取り入れた「教師が指差したものを見る」活動は、国語「Ｃ読むこと」の「示された身近な事物や生き物などに気付き、注目すること」という国語の学習の一つの手だてです。「指導と評価の一体化」のため、単元の評価を「落ち着いて学習活動に臨めました」「手を揺らすことを楽しみました」とせず、「『ブラブラ』の言葉が、手を揺らすことだと気付きました」のように、自立活動の視点ではなく、教科の観点でされることが大切であると考えます。

授業力向上シート 教科指導の部

東京都立小平特別支援学校　指導教諭　椎名　久乃

対象学部・学年	小学部・4・5・6年	教育課程	自立活動を主とした課程

学習指導要領における内容等

教科名・段階		国語・小学部1段階
内容	知識及び技能	ア　言葉の特徴や使い方に関する次の事項を身に付けることができるよう指導する。 （イ）言葉のもつ音やリズムに触れたり、言葉が表す事物やイメージに触れたりすること。
	思考力、判断力、表現力等	A　ア　教師と一緒に絵本などを見て、示された身近な事物や生き物などに気付き、注目すること。
	学びに向かう力、人間性等	ウ　言葉で表すことやそのよさを感じとるとともに、言葉を使おうとする態度を養う。

自立活動の観点から必要な配慮

区分・項目	心理的な安定　　　（1）情緒の安定に関すること 環境の把握　　　　（2）感覚や認知の特性についての理解と対応に関すること コミュニケーション（1）コミュニケーションの基礎的能力に関すること
内容設定の手続き	・落ち着いて授業に参加できるために「見通しがもてる」手だてを講じる。 ・何を学習するのか、学習活動の理解を促すために環境の整理を行う。 ・「伝え合う力」「人への志向性」を伸ばすために、提示の方法を工夫する。

単元名	集団の人数	指導時数
きせつのことばをかんじよう〜つゆ〜	7名	5時間

単元の目標	・言葉のもつ音やリズムに触れたり、言葉が表す事物やイメージに触れたりする。 ・教師と一緒に、スライドやイラストや物など示された事物に気付き、注目する。 ・言葉や発声・身振りで表すことやそのよさを感じるとともに、言葉を使おうとしたり声を出したり身振りで表現したりする態度を養う。
方法	◆「心理的な安定」に関わること　・「授業カード」の活用　・授業の流れ、展開の一定化 ◆「環境の把握」に関わること　・情報の精選　・活動のまとまりの時間「心理的な安定」との関連 ◆「コミュニケーション」に関わること　・教師が指差したものを見る（応答的共同注意）
成果・課題	・教科の目標目標を達成するためには、自立活動の視点を活かした手だて、支援が必要であることが分かった。 ・教科の学習では、自立活動の視点を活かすが、評価は教科の観点で行うことが大切であると考える。
他教科等との関連	・特別支援学校では、どの教科にも自立活動の視点をもった授業づくりが必要と考える。

識者コメント

　自立活動の指導の視点から児童一人一人の多様な実態を踏まえながら手だてや配慮を施して、国語科の指導目標の達成に注力した実践です。なぜそのような工夫を施す必要があるのか、論理的に説明するためには、本実践のように児童一人一人の実態を把握し、肢体不自由の障害特性や裏付けとなる理論・技法を参考にすることは重要です。そして、紙幅の関係で詳細は記されていませんが、教科の特徴、見方・考え方等を確認しながら教材研究を丁寧に行いながら授業実践を積み重ねたからこそ、児童の成長する姿が見られたと思います。

（北川　貴章）

教科指導の部 ｜ 小学部 ｜ 国語

9 視線で選ぶ文字構成の学習
～自立活動の指導と密接な関連を図った国語科の実践～

東京都立墨東特別支援学校　主任教諭　髙塚　健二

Keywords　①視線で選ぶ　②文字の構成　③自立活動の視点

1　目的

　児童Aに対する国語の個別学習の取組を紹介します。筆者が児童Aの担任になったのは、小学部5年生のときで、現在は小学部6年生です。脊髄性筋萎縮症という障害により、学びやコミュニケーションにおいて特別な配慮が必要です。児童Aは知的代替の教育課程で学んでいます。障害のため筋力が弱く、手指の操作や筆記具による書字に難しさがあります。また、言葉の発声も難しく、人とのコミュニケーションや学習では、「YES」を瞬きや発声で、「NO」は目を上転させることで意思表示をしています。

　一方で、児童Aは視線入力装置を用いたゲームを楽しんでおり、視線で対象物を捉えることが得意です。しかし、視線入力装置での50音キーボードを使った文字学習では、指示された文字を選ばず、わざと枠外に視線をずらし、関係のない濁点や半濁点などを選んで楽しんでいたため、学習につながりにくい面がありました。また、スイッチを用いてタブレット端末で挨拶をしたり、電動器具を操作したりすることはできますが、スイッチを用いた選択による学習は難しい状況でした。

　児童Aは相手が話す言葉はある程度理解できており、目での意思表示で一定のコミュニケーションが可能ですが、具体的にどの程度の文字や名詞の意味が理解できているかを測定する学習方法は確立されていませんでした。そのため、国語の力を伸ばすためには、児童Aに適合した学習方法を確立することが必要でした。また、自立活動の観点からは児童Aの得意な視線で選ぶ方法を生かして、学習方法に取り入れて力を伸ばしていくことが重要と考えました。したがって児童Aの学習方法は、国語科の目標を達成するための大切な配慮として、自立活動の「環境の把握（1）保有する感覚の活用に関すること」を取り入れていくこと、具体的には、視線選択を活用した教材を用い、児童Aが理解できる文字や名詞を増やしながら、コミュニケーション能力と国語力を高めていくことが必要と考えました。

　国語（知、小学部2段階の内容）の個別学習では、あえてICT機器を使用せず、文字構成板と文字カードを用いた学習に取り組むことにしました。学習の目標は、文字構成板と文字カードを使用してひらがなの理解を深めること、そして、児童Aが3文字から成る名詞をなるべく多く構成できるようになることでした。特別支援学校学習指導要領における国語科小学部2段階での特質や資質・能力の育成に関する内容について、3文字のひらがなを構成し、理解する学習は以下の資質・能力の三つの柱に基づいています。

> ・知識及び技能（語彙の増加、文や文章の構成）
> ・思考力、判断力、表現力等（聞くこと・話すこと、記述、読むこと）
> ・学びに向かう力、人間性等（積極的に学ぶ姿勢）

　この個別学習では、「知識及び技能」と「思考力、判断力、表現力等」の育成に重点を置き、児童Ａが積極的に学ぶ姿勢を支援する内容となるように留意しました。

2 方法

　児童Ａは手指を用いた文字カードの操作が難しいため、「この文字カードでよいですか？」と問いかけ、彼がYES／NOで返答する形式を採用しました。また、文字カードをはめ板の枠に上から順番に入れる方法を用いました。しかし、文字カードとはめ板が平面であると視認性が低下するため、マグネットを用いてはめ板を固定し、立てて提示することで、文字カードがより見やすい形になるよう工夫しました。

　具体的な学習計画としては、個別学習（国語・算数）を15分、週３〜４回行いました。この個別学習では算数の課題として数唱、合成分解、時計の学習などを行い、国語の課題としてはひらがな３文字の構成を中心に取り組みました。

最初に使用したはめ板教材。立てて使用するため、板の重みで、はめ板や枠に入れた文字カードが落ちやすかった。

3 実践

　初期の学習段階では、教材に磁石を取り付け、児童Ａが文字カードを正しい位置に配置する活動を通じて、ひらがなの認識を向上させることを目指しました。また、文字カードが正しいかどうかを児童ＡにYES／NOで答えさせるアプローチをとることに加え、支援者が手を添えて書字をして文字の形を覚える学習も取り入れました。

　しかし、この方法では児童Ａが安定した回答を示すことができず、支援者側が児童Ａの理解度を正確に判断することが難しい状況が生じました。

　この問題に対応するために、学習指導アドバイザー*の助言を受けて、指導方法を改善しました。

文字カードを反転させて一緒にひらがなを読む方法

①文字カードを裏返す。

②文字カードを反転させる。

③一緒にひらがなを読む。

YES／NOで答えさせる方法から転換し、文字カードをはめ板の上方に提示し、児童Aに視線で選択させる方法を取り入れました。さらに、児童Aが不得意とする書字を省き、文字を書くことに代えて、文字カードを反転させながら一緒に声を出して読む活動を取り入れました。また、文字カードの、利き手側後出しから反利き手先出しの提示を使う活動を段階的に導入することで、児童Aの理解を深め、ひらがなの認識能力を高めることを目指しました。1種類のひらがな3文字の単語構成をクリアしたら、次の3文字課題に進むことで、児童Aが理解できるひらがなの範囲を広げていきました。

教材には、より強力なネオジム磁石を文字構成板の枠の中と文字カードの裏に装着し、立てて使用する際に文字カードが落ちないような工夫をしました。また、磁石がよくつく金属製のホワイトボードを使用することで、文字構成板と文字カードの安定性を向上させました。これにより、児童Aは提示された文字カードを注視し、視線で正解を選べるようになりました。この改善が功を奏して、児童Aの学習に対する意欲の向上につながりました。

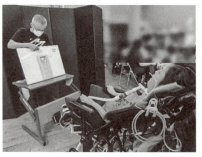
文字カードをはめ板の上に提示する

教材の工夫

ネオジム磁石をつけた文字構成板

金属製のホワイトボード

4 成果・課題

具体的な学習目標としては、まず比較的容易な利き手後出しの課題から始め、難易度の高い反利き手先出しの課題をクリアしてから次のステップに進む方法で、理解できるひらがなを増やすこと、清音のひらがな50音だけでなく、濁音、半濁音、拗音の文字も理解できるようになること、そして文字カードを反転させながらひらがなを読む際に視線を向けて声を出すこととしました。

目標に対する達成度としては、反利き手先出しの課題でも30種類以上のひらがな3文字の単語構成が達成できました。また濁点や半濁点を含むひらがなも正しく選択できるようになりました。さらに、文字カードを読む際にしっかりと注視し、集中しているときは自ら声を出すことができるようになりました。

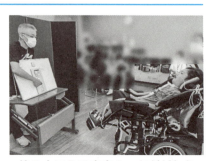
枠の中に入る文字カードがどれか視線で選ぶ

今後の課題としては、現在、名詞の3文字を中心に行っていますが、これからは動詞や形容詞の課題にも取り組むこと、4文字や5文字といった文字数を増やした課題や、長音、拗長音、促音が入った文字の課題にも取り組むこと、生活面では、視線入力装置やタブレット端末を使って、自分の要求や気持ちを自発的に文字で伝えられるようになることを目指すことが考えられます。

5 まとめ

児童Aに対する国語の個別学習において、最初の段階でのYES／NOの意思表示を用いた文字の学習がうまくいかないという課題に直面しましたが、学習指導アドバイザーの助言を受けて、児童Aの強みを生かす方向でのアプローチを採り入れた工夫が、学習効果をもたらした点は大きな成果でした。

これは、児童の能力や好みに合わせた学習方法の選択がいかに重要かを示しています。はめ板と文字カードを使用

ひらがなを一緒に声を出して読む様子

したひらがなの50音の理解から始まり、徐々に名詞、動詞、形容詞の理解へとステップアップするアプローチが児童Aにとって有効であることが分かりました。また、この段階的な学習方法が、児童Aが自信をもって新しい学習に取り組んでいく上で極めて重要であることが分かりました。

今後の展望として、将来の指導計画や個別学習アプローチにおいては、以下の点に重点を置くべきだと考えます。

①児童の強みを生かした学習方法の選定：児童Aの場合、視線を用いた選択が強みであったため、この点を生かした教育アプローチを継続していくこと。

②段階的な学習プログラムの設計：児童Aが自信をもって学習に取り組めるよう、基礎から徐々に難易度を上げていく学習方法の計画が必要であること。

③保護者との連携強化：保護者の存在は児童の学習支援において重要なので、保護者の期待や願いを理解し、学校と家庭が一貫したサポートを提供できるよう連携を強化すること。

④支援機器のさらなる活用：支援技術の進化により、様々な障害を併せ有する児童に対する教育の可能性が広がっています。視線入力装置の技術を最大限に活用し、児童Aが自らの意志を表現できる手段を提供することが今後の課題です。

今回の学習の取組は、児童Aに対する教育的支援において、「個別化された学習方法がいかに効果的であるか」を示しています。この学びを基に、更なる教育方法の改善と、児童Aに限らず、児童が自分の能力を最大限に発揮できる教育環境の提供を目指していきます。

＊学習指導アドバイザー：東京都教育委員会の都立特別支援学校外部専門家事業を活用して、定期的に来校していただき助言を受けています。

● 参考文献

宮城武久（2016）障害がある子どもの文字を読む基礎学習　導入から単語構成の指導．学研のヒューマンケアブックス，134-174．

授業力向上シート　教科指導の部

東京都立墨東特別支援学校　主任教諭　髙塚　健二

対象学部・学年	小学部・6年	教育課程	知的代替の課程

学習指導要領における内容等

	教科名・段階	国語・小学部2段階
内容	知識及び技能	ア（イ）日常生活でよく使われている平仮名を読むこと。
	思考力、判断力、表現力等	B書くこと　イ　自分の名前や物の名前を文字で表すことができることを知り、簡単な平仮名をなぞったり、書いたりすること。
	学びに向かう力、人間性等	――

自立活動の観点から必要な配慮

区分・項目	環境の把握　　　　　（1）保有する感覚の活用に関すること コミュニケーション　（3）言語の形成と活用に関すること 心理的な安定　　　　（3）障害による学習上又は生活上の困難を改善・克服する意欲に関すること
内容設定の手続き	担任や学年・グループ、自立活動担当の複数の目による実態把握と外部専門家からの助言を取り入れて自立活動の個別の指導内容を検討している。 この事例の授業では、国語の内容の学習をより児童Aの実態に即して学ぶために、環境の把握の（1）の内容とコミュニケーションの（3）の内容を関連付けていくことが必要であると構想した。 本人の視認性を高める位置関係を徹底的に追求し、教材を工夫することにより、視線を活用した文字の学習に取り組み、成果を上げることができた。 こうした体験が心理的な安定の（3）につながるものと考え、各授業での内容設定の際に、成功体験につながる工夫を欠かさないようにしている。

単元名	集団の人数	指導時数
個別学習「3文字の構成」	1名	15分（週3単位時間「国・算」の各時間45分の一部を通年で指導）

単元の目標	「3文字のひらがなの構成をする」 特別支援学校指導要領：知的障害小学部「国語」〈2段階〉 読むこと：日常生活でよく使われている平仮名を読むこと。 書くこと：イ　物の名前を文字で表すことができることを知り、簡単な平仮名を書いたりすること。
方法	脊髄性筋萎縮症の児童Aの国語の個別学習である。児童Aは手指を使って文字カードを操作することが難しいため、カードを視線で選択できるような工夫をした。具体的には、はめ板の枠に上から順に文字カードを入れる方法を採用しており、文字カードとはめ板が平面だと見えにくいため、マグネットを利用してはめ板を固定し、立てて提示することで、文字カードを視線で選びやすくしている。
成果・課題	当初、文字の構成学習は、YES／NO形式で行われていたが、うまくいかず、学習が停滞していた。学習指導アドバイザーの助言により、ホワイトボードに並べた文字カードを視線で選ぶ方法へ変更したところ、的確に選択できるようになった。3文字の構成学習は30種類以上可能となり、理解できるひらがなの数も飛躍的に増加した。
他教科等との関連	他の教科、例えば図画工作で、好きな色の絵паや色画用紙を選ぶ際、体育で使う道具を選ぶ際にも、視線で選ぶ方法が取れるようになった。視線入力装置の文字学習では、以前は意図的に関係のない文字を選んで楽しんでいたが、見本を見て正しい文字を選べるようになりつつある。

識者コメント

　「視線選択」を活かした本実践は、肢体不自由教育の指導方法に大きな示唆を与えてくれます。多くの肢体不自由児は動作やコミュニケーションに困難があるため、音声や書字等による学習が課題となります。分かってはいるが、うまく表せない状態です。そうしたストレスは「学びに向かう力」に影響を与えます。髙塚先生は、表出手段を「視線」に限定することにより、短期間で驚くべき指導効果を上げています。視線選択を教師が受信する具体の様子など、より詳細な報告を期待します。

（下山　直人）

教科指導の部 | 小学部 | 国語・算数

10 諸感覚を意識した教材の改善と効果
～こくご・さんすうの授業を通して～

東京都立志村学園　主任教諭　宇都宮　香織

Keywords　①ブラックライトの活用　②感覚教材　③各教科との連携

1 背景と目的

　小学部低学年の自立活動を主とする教育課程は3つのグループで構成されています。医療的ケアが必要な児童から手つなぎ歩行ができる児童まで、また、人や物への興味をもち始めた児童から因果関係の理解が始まっている児童までおり、身体面でも認知面でも幅広い学習集団です。教師は、肢体不自由教育を専門としてきた教師、知的障害教育を専門としてきた教師、異校種期限付異動による小学校の教師、初任者など、様々な経験をもつ者が集っています。

　それぞれの経験で培った授業力を肢体不自由のある児童に対して効果的に発揮するためには、身体の動きや認知の特性についての視点を明確にして話し合う必要があり、以下のことを大切にして授業の準備を進めました。

> ・自立活動を主とする教育課程で共通の教材を作成、使用することで、授業場面を共有し、グループを超えて助言しあえる環境にすること。
> ・入学して間もない1年生については『障害の重い子どもの目標設定ガイド第2版』（徳永,2021）を参考にしながら具体的なエピソードを重ね、児童の発達段階について共通理解を図ること。

　エピソードを重ねたことで、「情報を抽出すれば対象に気付けそうだ」「特定の教職員には気持ちを瞬きや舌の動きで表出しているようだ」など、情報を共有する機会が増えました。国語科、算数

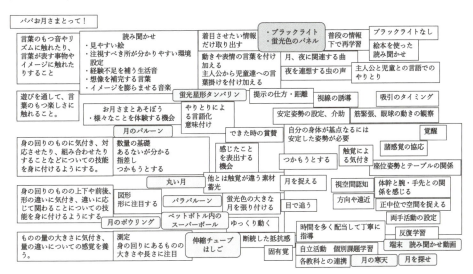

科ともに1段階の児童に対し、「読み聞かせによる言葉の響きやリズムを体感し、気持ちを表情や身体の動き、発声などで表出できること」「体験活動を通して、身の回りの上下や前後、形の違いに気付き、気付いたことを身近な人に伝えること」などを目標にして、前ページの図のようにイメージを膨らませ、共有しながら、授業の流れや教材を改善していきました。「こくご・さんすう」で絵本『パパ、お月さまとって！』を題材にした実践を報告します。

2 実践例

(1) 予告

1週間前から月のバルーンをヘリウムガスで浮かせて「ゆらゆら」「次はお月さまがでてくるよ」と絵本の紹介をし、期待感や簡単な見通しを促しました。

環境設定では以下のことを大切にして、自分から対象に向かうことを期待しました。

自分から気付ける環境づくり	
近くで ゆっくり 漂う (対象児童の状況に合わせ、テープで重さを調節する)	目に映ってから考えるまでの時間がある。
	肢体不自由のある児童の身体の動きや、眼球運動でも追うことができる。
	触れようとしている間、視野に入り続ける。

体調の安定のための背臥位姿勢が多い児童たちも、ゆっくり漂う月と「ゆらゆら」の言葉に気付き、表情や舌の動きで気持ちを表出する様子が見られるようになりました。

(2) 読み聞かせ

ブラックライトパネルシアターによって視覚情報が抽出され、提示した物がはっきり見える環境になりました。以下、使用した主な教材を紹介します。

●はしごに見立てた伸縮チューブ

「ながーい　ながい　はしごを　もってきました」のセリフで伸縮チューブを月まで伸ばす活動では、下記の感覚刺激を意識して強調し、児童の動きを待ちました。

意識した感覚刺激	
伸びる音	聴覚刺激
断続的に伸びる チューブ	触覚刺激 固有覚刺激
長くなるチューブ	視覚刺激
遠くに行く教師	視覚刺激

手を引っ込めたり、少し触れたりしているだけだった児童が、繰り返しの活動を経て、自分で握ろうとしたり、抵抗を感じて引っ張ったりするようになり、チューブの先にある月を見るようになった児童もいました。この活動では断続的な抵抗感を感じる固有覚を意識して教材を扱うことがとても有効でした。

●月に見立てたパラバルーン

パラバルーンの両面を使い、蛍光色の月では視覚効果を強調し、スパンコールとシフォンの月では視覚に加えて触覚刺激を強調しました。

10 諸感覚を意識した教材の改善と効果

パラバルーンの流れ		
①「ほうら　お月さまだよ」	暗い	ブラックライトで蛍光色の月が近付いたり離れたりする。
②「お月さまが　ぽっときえてしまいました」		パラバルーンを回収する。月がなくなり、真っ暗になる。
③「お月さまは　まいばんすこしずつ　おおきく…」	明るい	段階的にカーテンを開ける。（発作を誘発しないように注意する。）スパンコールとシフォン布の月が近付いたり離れたりする。
④「お月さまは　すこしずつちいさく　ちいさく…」		パラバルーンを回収する。折りたたんで小さくなる様子を見せ、月の面を隠す。

　①で月が強調されることで、聴覚優位の児童たちも顔を上げて見ようとするようになり、繰り返しの活動を経て、③でも自分から手を伸ばして、近付く月に触れようとしたりするようになりました。
　④では、月がなくなると終わりということに気付いて不満そうな表情になったり、声を出したりする児童が増え、「またお昼休みに遊ぼうね」とのやりとりにつながるようになりました。

●小さな月に見立てたスーパーボール

　小さな月と遊ぶ体験活動では、注ぎ口の広いペットボトルに、蛍光ピンクの絵の具水と蛍光黄色のスーパーボールを入れた物を使いました。以下の比較で教材を改善したことで、制限したい感覚刺激と強調したい効果がはっきりし、水入りのペットボトル教材では、両手で持ってボールの動きをしっかりと追う児童が多くなりました。

空のペットボトルスーパーボール	激しく振る	衝撃を感じ取りやすい速く動くボールに目線を合わせにくい	視覚効果が弱い
	放る投げる	重さを感じ取りにくい落ちた音を楽しみやすい	
水入りペットボトルスーパーボール	持ち続ける	重さを感じ取りやすい握った感覚を感じ取りやすい	ブラックライトと蛍光スーパーボールで、更に視覚効果を高める
	見る	ゆっくり動くボールに目線を合わせやすい	

（3）自立活動の時間における指導との関連

　本グループの児童たちは、体調調整のための欠席、定期通院やリハビリのための遅刻、服薬や障害由来の傾眠があり、45分の授業では学習が十分ではありません。自立活動などでも注目を促した教材を使い、学習効果を高める必要がありました。
　以下では、全身の過緊張が眼球運動にも影響するために、見ることに難しさがある児童が、毎日の自立活動で学習を繰り返してスーパーボールの動きを追うことができるようになってきた様子を紹介します。視線を動かしにくい児童は、起点終点や物事の継続を知る機会が少ないので、月のゆっくりとした動きで、始まりと終わりを見続けられるように支援しています。他にも、教師の膝上でのよつばい姿勢で、リラックスした姿勢を学習しながら、教師が作成した絵本の読み聞かせ動画を視聴しています。身体の取り組み後の自己排痰や吸引によって不快感がなくなり、集中して学習できるようになりました。活動中は看護師と協働して細心の注意を払い、気管切開部や胃ろう部分の安全を確保しています。

①人工呼吸器からの離脱を、リラックスして受け入れる。
②身体の取組を通して、胸を広げ、深い呼吸を経験する。
③自己排痰と吸引によって安定した体調を維持する。
④安定した姿勢と重心移動で、ゆっくり動くスーパーボールを見る。（あぐら座位）
⑤安定した姿勢と頭頚部のコントロールで、読み聞かせ動画を見る。（教師の膝上でのよつばい姿勢）
⑥自分の気持ちを表情や身体の動きで表出する。

（4）各教科との連携

　図画工作では、「お月さまが遊びに来ました。」のセリフで、光る寒天が提示されます。触れられる感覚や、重心を移動して姿勢を調整しながら手を使うことが苦手な児童たちが、繰り返しの学習を経て、寒天に気付いて視線を送ったり、自分から手を伸ばして触れたり撫でたりできるようになってきました。表情を読み取りにくい児童も、動かした指先が寒天に触れると、パルスオキシメーターの脈拍が上がり、気持ちの高揚があったと推測できる場面が出てきました。どの児童も、「先生は腕まで助けるから、後は自分でやるんだよ。」と言葉掛けされることで、自分が主体であることを意識できるようになってきたと感じています。

テーマ「月」	こくご・さんすう	『パパ、お月さまとって！』読み聞かせ　体験遊び
	図画工作	「お月さまと遊ぼう」蛍光色の丸い寒天での感触遊び
	生活単元学習	「お月さまを探そう」蛍光色の月や丸い物を見つける遊び
	学年活動	「授業を紹介しよう」蛍光色の月のパラバルーン遊び

3 成果

　小学部低学年の自立活動を主とする教育課程の3つのグループで授業の流れや教材を共有したことで、複数の目で授業を支えるという意識が高まりました。今回、私たちが考える教材は視覚に頼りがちであることや、提示して待つ時間が曖昧であることが分かり、諸感覚や身体の動きについて学び直して教材を改善させたことで、ねらいや手立てがはっきりしたことが成果として挙げられます。教材を改善させながら授業を展開した本単元では、どの児童も、ブラックライトが点灯すると、顔を上げたり楽しそうな声を出したりして、活動を期待する様子が見られるようになりました。また、「お月さまと　あそびたいな」や「ながーい　ながい」「おおきく　おおきく」などの言葉に気付いて笑顔になり、提示された教材に視線を向けたり、自ら触れようとしたりすることができるようになりました。

4 まとめ

　教科指導においても、姿勢の工夫や視覚的配慮など、自立活動（6区分27項目）の観点を踏まえることで、あらためて高い学習効果が得られることが分かりました。

　現在、教師の気付きや疑問点の解決に必要な見え方や聞こえ方、認知との関係や、姿勢設定や身体の動かし方など、医療の専門的なことは、外部専門家の助言を受けながら授業を改善させています。外部専門家と連携することで、何をどのように意識すれば効果的なのか見えてきましたが、効果的なチームアプローチのためには、より組織的に協働レベルを上げていくことが必要であり課題です。今年度から、関わる児童について、外部専門家による学習評価の研修やケース検討会を増やし、お互いの専門性や得意なことでセッションできるようになることを目標にしました。より多くの専門性で児童の成長を支えられるようになりたいと思います。

● 参考文献
徳永豊（2021）障害の重い子どもの目標設定ガイド第2版－授業における「Sスケール」の活用－．慶應義塾大学出版会

授業力向上シート　教科指導の部

東京都立志村学園　主任教諭　宇都宮　香織

対象学部・学年	小学部・1～3年	教育課程	自立活動を主とする課程

学習指導要領における内容等

教科名・段階		国語・算数・小学部1段階
内容	知識及び技能	ア（イ）言葉のもつ音やリズムに触れたり、言葉が表す事物やイメージに触れたりすること。 C図形　ア（ア）㋐　具体物に注目して指を差したり、つかもうとしたり、目で追ったりすること。
	思考力、判断力、表現力等	A聞くこと・話すこと　イ　身近な人からの話し掛けに注目したり、応じて答えたりすること。 C図形　イ（ア）㋐　対象物に注意を向け、対象物の存在に気付き、諸感覚を協応させながら具体物を捉えること。
	学びに向かう力、人間性等	イ　言葉をイメージしたり、言葉による関わりを受け止めたりする力を養い、日常生活における人との関わりの中で伝え合い、自分の思いをもつことができるようにする。 C図形　ウ　図形に気付き、算数の学習に関心をもって取り組もうとする態度を養う。

自立活動の観点から必要な配慮

区分・項目	環境の把握　　（4）感覚を総合的に活用した周囲の状況についての把握と状況に応じた行動に関すること 身体の動き　　（1）姿勢と運動・動作の基本的技能に関すること コミュニケーション　（2）言語の受容と表出に関すること
内容設定の手続き	自立活動教諭や外部専門家と共に児童の身体の動きの状態や認知の特性について適宜確認している。 教科の目標を達成するための手立てや配慮を、自立活動の観点で考えている。

単元名	集団の人数	指導時数
『パパ、お月さまとって！』 ～お月さまとあそぼう～	15名（4名・5名・6名）活動により3グループの形態を変更して対応（9名・6名・15名等）	7時間

単元の目標	・読み聞かせによる言葉の響きやリズムを体感し、気持ちを表情や身体の動き、発声等で表出できる。 ・教職員や友達との関わりに気持ちを向け、自分なりの表出で応えようとする。 ・体験活動を通して、身の回りの上下や前後、形の違いに気付く。気付いたことを身近な人に伝える。
方法	・ブラックライトを使ったペープサートによる読み聞かせ ・「お月さまと遊ぼう」をテーマにした体験的活動
成果・課題	・ブラックライトを使った読み聞かせと体験活動により、絵本の雰囲気を効果的に表現し、注目を促す環境を設定することができた。 ・自立活動を主とする教育課程のグループ全体で同じ教材を扱ったことで、複数の目で授業を支えるという意識が高まり、諸感覚や身体の動きについて学び直して話し合い、教材を改善することができた。
他教科等との関連	・図画工作「お月さまを触ろう（蛍光色寒天とブラックライト）」・生活単元学習「お月さまを探せ（ブラックライトで月を探すゲーム）」・学年活動「授業を紹介しよう（蛍光色の月のパラバルーン遊び）」・学校司書が絵本を使った授業を参観し、テーマに関連する図書紹介コーナーを作成。

識者コメント

　エピソードの共有によって児童の実態を着実に把握し、実践を重ねる中で授業の流れや教材の改善を続けることでより学習効果の高い実践へと発展していくというプロセスを参考にしていただきたい事例です。パラバルーンや伸縮チューブを活用して感覚刺激を意識した取組を繰り返し行うことで見通しをもって授業に参加し、さらに主体的に対象に働きかけが見られるようになっています。また、授業開始前からの予告や自立活動や図画工作科と連携した取組は、カリキュラムマネジメントの観点からも大いに参考とすべき事例です。

（織田　晃嘉）

教科指導の部 ｜小学部｜算数

11 実感を伴った算数の工夫
～児童が自分でかずをつくる指導を通して～

山梨県立甲府支援学校　教諭　窪田　瑞生

Keywords　①算数科　②教材・教具の工夫　③操作　④数量感覚

1 背景と目的

　対象は小学部6年生の女子児童Aです。話すことと身体を動かすことが大好きで、6年生になってからは毎日の宿題に意欲的に取り組んでいます。宿題プリントを渡すと「2（まい）」「（いつもより）すくない」等、簡単な数量表現であれば、意味を理解し生活の中で使うことができる児童です。児童Aの生活や学習の様子を見ている中で、手元を見て丁寧にゆっくり操作をすることが苦手であるため、1対1対応でものを数えているときに動きと数唱がずれたり、5より大きな数では見本と同じかずをタイルで構成したりすることが難しいことが分かってきました。そのため、半具体物の操作を通じて目と手の動きの調整力を高め、数量感覚や数概念を高めることにつなげたいと考えました。また、難しい課題に直面すると、机に伏せてしまうこともありました(写真1)。

　本事例は、児童Aの教材と関わる様子やその行動の意味を考えながら取り組んだ、いくつかの指導の実践報告です。

写真1　机に伏せる児童A

2 実践例

（1）「いっしょ」のかずをつくる

方　　法	教　　材
・見本の5の枠に、1～5のタイルを置いてみせる ・系列板からバラタイルを選び、見本と同じかずをつくる	

11 実感を伴った算数の工夫

①児童Aの様子
- 見本をちらっと見て、系列板からすぐに選んでいました。
- 提示するタイルの数が1や2、5であれば、見本と同じかずを作ることができました。3や4では、タイルが1個多かったり少なかったりしても「いっしょ」と言っていました（写真2）。
- 異なる数のタイルを2つ並べて提示しても「いっしょ」と言っていました。

写真2　「いっしょ」をつくる①

②考えたこと・成果
どのようにしたら児童Aに「いっしょ」の意味を伝えられるのか模索しました。児童Aはかずをつくるときに〈枠に「カチッ」と音をたてながら入れている〉姿が見られていたことから、操作に合わせた音の刺激が有効だと考えました。

写真3　「いっしょ」をつくる②

そこで、児童Aのつくったタイルを見本のタイルに重ねて答え合わせをすることにしました。音をたてながらタイルを重ね、タイルの個数が違うと動きを止めて、違和感に気付く様子が見られるようになりました。また、個数が違うと途中で気付いて「ちがう」と系列板に戻し、新しいタイルを選び直し「いっしょ」をつくることができるようにもなりました（写真3、4）。

写真4　タイルを重ねて答え合わせ

（2）5の合成と分解

方　　法	教　　材
・5や10の枠に、1～4のタイルを置いてみせる ・「あといくつで5になるか」を、系列板からタイルと数字を選ぶ	 

①児童Aの様子
- 5及び10の枠で見当をつけてタイルを選んでいました。すぐにタイルを選ばず、考えている様子が見られました。
- タイルと対応した数字を選ぶことが難しい様子が見られました。
- 一人でタイルのかずを数えることが難しい様子が見られました。

写真5　スライドしてかずをつくる

②考えたこと・成果
一人でも教師と一緒であっても、指差ししながらタイルの個数を数えると、動きと数唱がずれることがありました。

そこで、枠の大きさをタイルよりも少し大きくして、タイルをスライドできるようにしました。人差し指でタイルを上から下にスライドさせながら、かずをつくったり数えたりする様子が見ら

写真6　手でタイルを包む①

81

れました（写真5）。今まではタイルをとばして数えることもありましたが、教師の数唱に合わせて1つずつゆっくり動かすことができるようになりました。

また、児童Aは系列板からタイルを取ると〈一度手で包んでから、手のひらからタイルを枠に入れている〉姿が見られました（写真6、7）。手に包んだときの重さや触感でも児童Aなりに数量を感じ取っていることが考えられました。

写真7　手でタイルを包む②

（3）10までのかずの合成

方　　法	教　　材
・10の枠に、6〜10の数字を置いてみせる ・5の系列板から5の棒タイルとバラタイルを並べてかずをつくる ・つくったかずについて「5と□（いくつ）」かを数字で表す	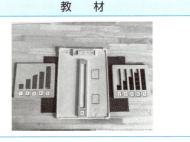

※5を基準に数を捉えることができるように、学習開始時は5の棒タイルをあらかじめ置いていました。慣れてきてから5の棒タイルを選ぶ活動も取り入れていきました。

①児童Aの様子
・学習当初は5の棒タイルを枠に置いてからバラタイルを並べていました。少し経つと、まずバラタイルから選び、最後に5の棒タイルを並べてかずをつくるように変化しました。
・6や7はバラタイルと棒タイルを選んでかずをつくることが増えてきました。8と9、10では、バラタイルを多く並べる様子が見られました。
・タイルと対応した数字を選べることが増えてきました。
・タイルを枠にスライドさせたり、タイルを重ねて数を確認したりしていました。
・自分で答え合わせをして、間違いに気付いて直せるようになりました。

②考えたこと・成果
2つのかずを「あわせて」いくつになる、ということが視覚的に伝えられるように、系列板を2つ用意して枠の両端に提示しました。別の枠から取ったタイルを同じ枠に入れる操作が、「あわせる」の言葉の意味をイメージしやすいと考えました。また、バラタイルをの数を捉えやすいように、棒タイルとバラタイルの色を変えました。タイルの並べ方に変化が見られた様子からは、児童Aが数を集合数として捉え、5を基準にしてかずをつくっていることが考えられました。

答え合わせ用の枠として、タイルの入った6〜10の限定枠*を用意しました（写真8）。それらの中から見本と同じ

写真8　答え合わせ用の枠

写真9　答え合わせの枠を選ぶ

82

11 実感を伴った算数の工夫

数字の枠を選び、児童Aのつくった枠の隣に並べて、自分で答え合わせができるようにしました（写真9、10）。タイルを重ねて答え合わせをする様子がここでも見られました。

「いっしょ」や「ちがう」が理解できるようになったことで、かずをつくって答え合わせをする、という一連の流れを一人でできるようになりました。自分自身で正解を導くことができた！という達成感からか、分からなくて机に伏せる回数が減り、学習に取り組む姿勢や気持ちにも変化が見られるようになりました。

写真10　自分で答えを確認する

3 成果と課題

〈成果〉
- 枠に入れたりタイルを重ねたりするときの「カチッ」という音で、手元をよく見るようになりました。見本を見て同じかずをつくる、2つの枠を見比べる等、見る力も伸びたと感じられました。
- タイルをスライドさせて枠に入れたり数えたりすることで、数唱と動きが一致するようになりました。
- 児童Aの動きを引き出し、自分なりの方法でタイルを操作してかずをつくる姿がたくさん見られました。
- 「いっしょ」や「ちがう」が分かるようになり、自分で答えを導くことができるようになりました。また、学習に前向きに取り組めることが増えました（写真11）。

〈課題〉
- タイルを使った学習を生活に般化させていくこと。

写真11　学習時の児童Aの様子

4 まとめ

　目に見えないかずというものや「いっしょ」「あわせて」等の言葉の意味をどうしたら伝えられるのか試行錯誤しながら指導してきました。伝えることが難しい学習だからこそ、教材を操作してかずをつくり、児童が自分でかずを考えていくことが重要だと気付かされました。そのためには操作を引き出すための工夫が必要不可欠で、扱いやすい教材を作成したり、分かりやすく提示したりすることが大切だと改めて思いました。

　今後も、児童の行動の意味を考えることを追求し、教材を工夫することで児童の操作を引き出す指導に取り組んでいきたいと思います。そして、児童たちと一緒に「できて嬉しい！」「分かるって楽しい！」気持ちを共有していきたいです。

＊階段状に並んだ1から5の枠のことを指します。

授業力向上シート 教科指導の部

山梨県立甲府支援学校　教諭　窪田　瑞生

対象学部・学年	小学部・6年	教育課程	知的代替の課程

学習指導要領における内容等

教科名・段階	算数・小学部2段階	
内容	知識及び技能	A数と計算　ア（ア）ものとものとを対応させることによって、ものの個数を比べ、同等・多少が分かること。 （イ）ものの集まりと対応して、数詞が分かること。 （ク）一つの数を二つの数に分けたり、二つの数を一つの数にまとめたりして表すこと。
	思考力、判断力、表現力等	A数と計算　イ（ア）数詞と数字、ものとの関係に着目し、数の数え方や数の大きさの比べ方、表し方について考え、それらを学習や生活で興味をもって生かすこと。
	学びに向かう力、人間性等	―

自立活動の観点から必要な配慮

区分・項目	身体の動き　　　　（5）作業に必要な動作と円滑な遂行に関すること コミュニケーション（3）言語の形成と活用に関すること
内容設定の手続き	【自立活動の設定理由】 ・ゆっくり話したり丁寧に物を扱ったりするなど、動きの調整が難しい。手元を見ずに操作してしまうことが多い。 ・語彙が少なく、単語を並べて話す。発語が不明瞭で早口なため聞き取りにくい言葉が多い。 そこで、運動をコントロールする力をつけて、ゆっくり丁寧に動く（話す、歩く、操作する）意識を高めること、具体物を操作して1〜10の量感を高めること、数唱と動きを一致させ1〜10まで数えることを指導内容として設定した。 【自立活動の指導内容】 ①動きのコントロールを高める　・壁にお尻をつけゆっくりスクワットし、足底で床を踏みしめる　・平均台などによる身体感覚やバランス力の向上 ②ことばの指導　・アイウエオの口形をつくる　・息をゆっくり長く吐く　・リズムに合わせて母音の詞を読む　など 【算数科における手立て】 ・タイルに厚みをもたせ、安定した操作ができるようにした。 ・タイルをスライドさせながら枠に入れられるようにして、手元を見ることを促し、数唱と動きを一致しやすくした。 ・自分で間違いに気付きながら答え合わせができるようにして、発語を促した。

単元名	集団の人数	指導時数
かずの学習	1名	

単元の目標	棒タイルやバラタイルの操作を通して、数の量感を高め、1〜10までの数の合成や分解をする。
方法	・見本をみて「いっしょ」のかずをつくる　・5の合成と分解　・10までのかずの合成
成果・課題	・枠に「カチッ」と入る手応えや音を感じ、操作する指先を見ながら、タイルを滑らせて調整した操作ができるようになった。 ・タイルをスライドさせながら数を数えていくことで、数の量感覚の形成や集合数として数を捉えることができるようになってきた。 ・自分で並べてかずをつくった後、答え合わせ用の枠を隣に並べて確認するという一連の流れを理解し、自分で「ちがう」や「いっしょ」と言いながら比較して答え合わせをし、見本との違いを確認することができるようになった。 ・今後はタイルを使った学習と併せて、作ったかずを自分で数字で書いて表す活動も取り入れて、数を使うよさを感じられるようにしたい。 ・タイルを使ったかずの学習を、生活にどのように般化していくか。

識者コメント

　肢体不自由のある子どもたちは、対象物をしっかり見て手で操作することが難しいため、数の学習に困難をもちがちです。数の学習では、一対一対応から、数える、数の同じが分かる、数をあわせる、と学習が進んでいきますが、常に半具体物等を手で操作することが有効です。この点で本実践では、教材教具、教材教具の配置、言葉掛け等について、よく本児に応じて考えられており、そのため本児が主体的によりよく学んでいったと言えます。　　　　（川間　健之介）

教科指導の部 | 小学部 | 算数科

12 「なかまづくりとかず」
~自ら操作する活動を通して~

富山県立富山総合支援学校　教諭　野畑　万里子

Keywords　①具体物操作　②視覚的手掛かり

1 背景と目的

　児童Aは、小学部1年生の女子で、準ずる教育課程で当該学年の内容を学んでいます。脳性まひによる体幹機能障害を有しており、上肢・下肢ともに思うように動かすことや1校時姿勢を保持して学習することが難しいです。日常生活の全般で支援が必要ですが、初めての学校生活で体験すること、見聞きすることに興味・関心をもち、様々な活動に意欲的に取り組んでいます。特に音楽が好きで、初めて聞く歌によく耳を傾け、歌詞とメロディを覚えて、口ずさむことが得意です。

　肢体不自由児童の場合、基礎的な概念の形成を図ることが難しく、上肢や手指の操作のほかに見えにくさなどがある場合もあります。そこで、児童Aに対しても肢体不自由からくる困難さや体験不足に配慮し、小学校1学年の数概念の基礎的な学習段階の文字や数字を読んだり書いたり、身の回りの具体物などに触れながら数えたりする経験を大切にして支援していきたいと考えました。

2 方法

　本単元で育てたい資質・能力は、数量への関心をもたせること、数を多面的に捉える力を育てること、数を使うよさを感じたり、数についての感覚を豊かにさせたりすることです。単元に関する児童Aの実態は、以下のとおりです。

- ほぼ100まで数唱できる。
- 数えるときに物と数唱がずれ、数えるものが動いたりばらばらに並んでいたりすると、どこまで数えたかが分からなくなる。
- 物の大きさは、大きすぎても小さすぎても数えにくく、目だけで捉えるとき姿勢の傾きや物と物との間隔によって一塊に捉えることがある。
- 一人でやりたい気持ちはあるが、上肢の操作性はスムーズではない。

そこで、教科学習で必要な配慮事項を以下のように考えました。

- 見やすい教材の大きさ、文字などの間隔
- 視覚的な手掛かりとそれを用いて理解できたことを次の学習に生かすこと
- 姿勢保持のための机や椅子の使用
- 操作しやすい教材の活用

> 4　環境の把握
> 　（2）感覚や認知の特性についての理解と対応に関すること
> 　（5）認知や行動の手掛かりとなる概念の形成に関すること

・姿勢を整えるための言葉掛け

そして、指導内容を以下のようにしました。

・具体物の操作による10までの数の数え方や数量の把握
・視覚的な手掛かりによる10までの数の把握、数の大小の判断、数の構成の理解

> 5　身体の動き
> 　（1）姿勢と運動・動作の基本的技能に関すること
> 　（2）姿勢保持と運動・動作の補助的手段の活用に関すること

3 実践

単元「なかまづくりとかず」
（1）10までの数をかぞえよう
〈目標〉自分で具体物を操作して10まで数えることができる。

活動1　教師と具体物や半具体物を数える

〈授業の様子〉

　教師が具体物や半具体物を一つずつ指差す支援で、本児が数唱をすることから始めました。数が5以下であれば、教師の指差しに合わせて「1、2…」と数唱できました。しかし、数が多くなると数唱が指差しより早くなることが多くなりました。そのようなときは、いったん数唱を停止し、教師の指差しに合わせて初めからゆっくり数えるように促しました。

活動2　具体物（玉）を操作しながら1～5までを数える

> 【教材：玉入れ（図1）】
> ・玉：直径2㎝程度の大きさで、転がりにくく、つまみやすい手芸用の玉
> ・玉が入る枠：ペットボトルのキャップをプラスチック板に一列に並べて貼ったもの
> 　児童Aが扱いやすい大きさと素材で教材を作成しました。操作中に玉が転がったり、数えた玉を再び数えたりしないよう、玉を枠に入れるようにしました。1～5までのそれぞれの枠を用意し、その数に対応した量を見て把握できるようにしました。

図1　玉入れ

〈授業の様子〉

　児童Aは、右手人差し指と中指で玉をはさんでつまんだり、指で玉を手前に転がしたりするなど自分のやり方で枠に入れました（図2）。その後、教師と一緒に玉を数えて確認しました。しかし、このやり方で6から10までの数を数えると操作に時間が掛かり、間違いも多くなりました。そこで、6以上の数をこのやり方で数えることは一旦やめ、5までの数を数える活動に変化を付けることにしました。

図2　児童Aの様子

12 「なかまづくりとかず」

活動3　指示を聞いて玉を操作する

　5の枠のみを使い（図3）、次の活動を行いました。また、活動3が今後の足し算、引き算への導入につながることをねらいました。

①教師の「1個入れてください。」などの指示を聞いて、空の枠に玉を入れる活動

②枠に5個入った状態から、「3個にしてください。」など指示された数になるよう、枠から玉を取る活動

図3　ペットボトルのキャップを利用した5の枠

〈授業の様子〉

　児童Aは、指示を聞いて、玉を取ったり、入れたりした後、指示された数になったかどうか目で確認し、「できました。」と報告しました。学習活動に慣れてくると、「かんたん、かんたん。」と自信をもった様子で取り組んでいました。

(2) 10までの数の大小「おおきさくらべ」

〈目標〉視覚的な手掛かりで数を捉えることができる。

活動4　カード2枚で数の大小を比べる

　児童Aは、数字カード2枚の数字を見て大小が分かり、絵カードやドッツカード2枚では、見て直感的に多少を捉えて数の大小を答えることができました。しかし、半具体物の数が多くなるほど、教師の指差しの支援で数えること、数を捉えることに時間が掛かり、確実性も低くなりました。児童Aの姿勢の傾きによって、ドッツシールでの「4」「5」（図4）が捉えにくくなっている様子も見られました。

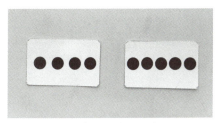

図4　4と5のドッツシール

　また、1～5までの数での数比べの活動に飽きている様子が見られたため、10までの数の大小に進むことにしました。

活動5　さいころで数の大小比べをする

　楽しく取り組むことができるように、ゲーム性を取り入れたいと考え、さいころを使用しました。初めは、通常の目のさいころで活動しましたが、これまでのドッツの並び方と違い、数を把握しにくいようでした。そこで、それまでの学習の流れで、さいころの目を一列に並んでいるドッツで表すことで、数の理解がしやすいのではないかと考えました。

〈授業の様子〉

　児童Aは、対決する活動にとても張り切り、「大きい目が出ますように。」と願いを口にしてさいころを転がしていました。出た目の比較では、二つのさいころをぱっと見て、どちらが大きいかをすぐに捉えました。そして、教師とさいころの目を数える前に自分の方が大きい目だと分かると「やったあ。」と歓声をあげていました。目が5と10の場合は、数えるまでもなく、いくつであるか答えることができました。しかし、10までの数の構成は未学習のため、出た目がいくつであるかは教師の指差しで確認する必要がありました。

87

【教材：ドッツさいころ（図5）】
・一列に5個までのドッツを並べて、5のまとまりごとに色を変えて構成（シールは直径1.5cm、5までは青色、6～10は赤色で作成）
・さいころの大きさは、1辺が約9.5cmの立方体
〈活動の流れ〉
①さいころ二つを児童Aと教師で順に、それぞれ転がす。
②さいころの出た目のドッツを教師の指差しで数える。
③教師がホワイトボードの表（図6）に数字で表す。
④出た目の数字を比較して、大きい方を確認し、教師が〇を付ける。
⑤最後に〇の数を数え、数の多い方が勝ちであることを確認する（図6）。

図5　ドッツさいころ

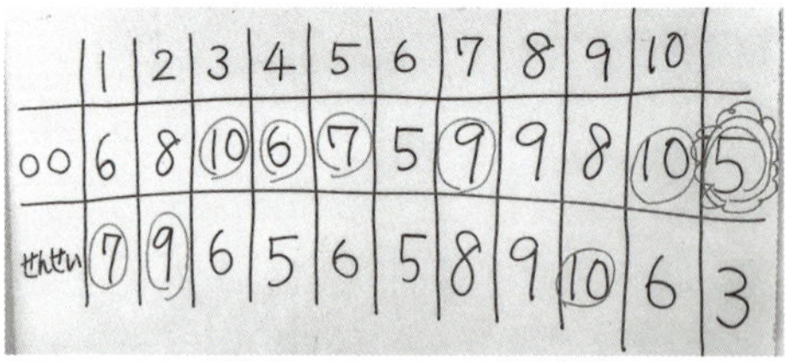

図6　おおきさくらべ

4　成果・課題

　実態に応じた教材で具体物を操作することで、10までの数量を体感し視覚的にも量を捉え、5まで一人で数えることができたこと、視覚的な手掛かりのさいころの目や数字を比較して10までの数の大小の判断ができたことが成果です。教科学習においても自立活動（6区分27項目）の観点を踏まえ、実態に応じて視覚・感覚・姿勢・動作などへの配慮を行うことで、学習効果や学習意欲を高めることができました。

　一方、具体物の操作は時間が掛かり、数が増えると活動も煩雑で滞りやすくなることが課題です。今後、6以上の数は5のまとまりを基準にして、「5といくつ」であるかを視覚的な手掛かりで学習する予定です。他の数の合成・分解も同様に、視覚・聴覚両方の手掛かりを活用し、数の構成をイメージできるように支援したいと考えています。この単元を基盤にして算数が楽しいと実感できるように、児童Aが主体的に活動し、理解しやすい方法や教材の工夫をしながら取り組んでいきたいと思います。

授業力向上シート　教科指導の部

富山県立富山総合支援学校　教諭　野畑　万里子

対象学部・学年	小学部・1年	教育課程	準ずる課程

学習指導要領における内容等

教科名・段階	算数・小学校第1学年
内容　知識及び技能	A（1）ア（ア）ものとものとを対応させることによって、ものの個数を比べること。 （イ）個数や順番を正しく数えたり表したりすること。 （ウ）数の大小や順序を考えることによって、数の系列を作ったり、数直線の上に表したりすること。
思考力、判断力、表現力等	A（1）イ（ア）数のまとまりに着目し、数の大きさの比べ方や数え方を考え、それらを日常生活に生かすこと。
学びに向かう力、人間性等	─

自立活動の観点から必要な配慮

区分・項目	環境の把握（2）感覚や認知の特性についての理解と対応に関すること 　　　　　（5）認知や行動の手掛かりとなる概念の形成に関すること 身体の動き（1）姿勢と運動・動作の基本的技能に関すること 　　　　　（2）姿勢保持と運動・動作の補助的手段の活用に関すること
内容設定の手続き	本校の準ずる教育課程で学習する児童の個別の指導計画は、「重点目標指導計画」と「年間指導計画」と「教科学習の記録」で構成されている。「重点目標指導計画」では、個別の教育支援計画の3年間の目標から導き出した1年間の指導目標について、関連する教科や自立活動を取り上げ、学期ごとにそれぞれの指導目標を作成・評価している。 〈本単元で育てたい資質・能力〉 数量への関心をもたせること、数を多面的にとらえる力を育てること、数を使うよさを感じたり、数についての感覚を豊かにさせたりすること。 〈具体的な指導内容〉 ・具体物の操作による10までの数の数え方や数量の把握 ・視覚的な手掛かりによる10までの数の把握、数の大小の判断、数の構成の理解

単元名	集団の人数	指導時数
なかまづくりとかず	1名	20時間

単元の目標	10までの数について、個数の比べ方や数の読み方、数の構成などを理解し、数のまとまりに着目して数の大きさの比べ方や数え方を考えようとする。
方法	・仕切られた枠に玉を一つずつ入れて、1～5までを数える。 ・5までの絵やドッツが1列に並んだカード2枚を比較して、数の大小を判断する。 ・ドッツさいころ二つを転がし、二つの目を比較して大小を判断する。
成果・課題	・具体物の操作で10までの数量を体感し、5まで一人で数えることができた。 ・5のまとまりの視覚的手掛かりを用い、さいころで10までの数の大小比較ができた。 ・具体物の操作で達成感を味わい、ゲーム的な活動で意欲が高まり主体的に活動することができた。 ・具体物の操作は、時間が掛かり、数が多くなると活動が煩雑になり間違いが増え、活動が滞りやすくなる。 ・具体物の操作以外の視覚・聴覚的な手掛かりの活用が必要である。
他教科等との関連	・日常生活の中で、活動の順番を数字で提示すること（一日の日課の確認、1時間の授業の活動の流れなど） ・友達とカードゲームをしてカードの数を数えて勝敗を確かめたり、生活科で育てているアサガオの花の数を数えたりするなど

識者コメント

　本報告では、肢体不自由のある子どもに多く見られる概念形成の難しさを踏まえ、数概念を身に付けさせるための丁寧な指導が展開されています。数唱のずれ等の様子から、視知覚認知の難しさが推察される児童に対し、興味をひく具体物の操作を伴う学習を設定することで、触知覚も活用した、効果的な指導となっているように感じられました。一方で、学習中に姿勢の傾きが見られる面から、自立活動の時間の指導において、姿勢保持の学習に取り組み、算数の時間は体幹の補助の割合を増やすことで、より学習に集中できるのではないかとも推察されました。　　　（徳永　亜希雄）

教科指導の部 ｜ 中学部 ｜ 国語

13 デジタル絵本を活用した思考力・判断力・表現力を育む授業づくり
～自立活動の視点を大事にした国語科の取組～

島根県立松江清心養護学校　教諭　奥村　健介

Keywords　①脳性まひ（アテトーゼ）　② ICT・AAC の活用　③環境設定

1 目的

　本実践は、筆者（以下、教師）が数年前に対象生徒（以下、生徒A）と行った実践です。当時、生徒Aは中学部の生徒で、小学部入学時から自立活動を主とする教育課程で学習していました。いくつかの教科を教科別の指導や、教科等を合わせた指導で取り入れ、多くの時間を自立活動に替えて学習している生徒でした。

　この実践は、国語科の授業づくりにおいて、これまでの学びの履歴を整理した上で、自立活動の視点を大事にしながら思考力・判断力・表現力の育成に重点を置いた実践になります。

2 方法

(1) 実態把握

- 脳性まひ（アテトーゼ）による体幹機能障害があり、急に手足に緊張が入ったり、動いたりする意図しない動き（不随意運動）が見られました。日常生活動作は、全般的に支援が必要ですが、寝返りをしたり、ウォーカー歩行で移動したりすることができました。
- 発声や表情、身体の動き等によって思いや快不快を表現していました。また、他者との一問一答のやりとりでは、言葉に合わせ本人の前に出された手のひらに視線を向けたり、手を伸ばしたりすることで選択肢の中から選ぶことができました。また、言葉掛けを受けて声を発することで応じる姿も見られましたが、本人からの表出は微弱な上に、時々、手を伸ばした先と視線の向きが異なることがありました。そのため、本人の考えや思いを引き出したり、確認をしたりするのに時間を要することがありました。
- 日常のやりとりから、身近な物や場所の名称、学校や家庭での簡単な出来事等の一部を理解している様子がうかがえました。
- 見え方に困難さ（眼振）があるため、提示する文字や教材の大きさ、提示位置等に配慮が必要でした。また、急な物音や大声に驚くことがありました。
- 新しい学びへの関心は高いが、課題が難しかったり、見通しがもてなかったりすると、意欲が低下し、活動が停滞することがありました。

(2) 指導計画の作成

　過去の個別の指導計画から、各教科や自立活動の目標や活動内容、評価等を確認し、学びの履歴を整理した上で指導計画を作成しました。

　国語科においては、絵本や具体的な学校生活、身近な話題等を活用した実践において、生徒の主体性を引き出し、効果的にICT機器を活用することで思考力・判断力・表現力を育むことに重点を置いて実践を進めました。

　自立活動に関しては、生徒Aの学習や生活上の困難さから、その原因となる背景を探り、それらを関連させながら目標を設定しました。その過程において、「自分の身体を支えることができるようになると、他者や物、場所等、まわりの状況を把握することができる」という指導仮説のもと、「時間の指導」において肘支持でのあぐら座位や膝立ちを一定時間保持する活動を取り入れました。また、「自分の身体を支える力が高まると、意図して人や物に働きかけるようになり、直接物に触れたり、他者と関わったりする姿が増え、自分の気持ちや考えを他者に伝えようとする気持ちが高まる」という指導仮説をもとに、「時間の指導」だけでなく、教育活動全体を通じて学習に取り組みました。

3　実践

(1) 題材名「いなばのしろうさぎ」

　「因幡の白兎」は古事記の神話の一つで、心優しい大国主命(おおくにぬしのみこと)という神様が一匹の白兎と出会い、最後に八上姫(やかみひめ)と結ばれる物語です。島から因幡の国に行ってみたい白兎は、ワニザメを騙したせいで皮を全部剥がされますが、大国主命に出会い、助けてもらいます。本実践では、絵本『いなばのしろうさぎ』(いもとようこ著、金の星社)を参考にして、白兎を主人公にした物語を題材にしました。

(2) 目標

- デジタル絵本に興味をもち、スイッチを操作して見たり、聞いたりすることができる。
- 主人公の台詞を教師と一緒に考える活動を通して、話の大体を捉えることができる。
- 主人公の台詞を教師と一緒に考える活動の中で、選択肢の中から選んだり、進んで自分の考えを伝えたりできる。

(3) 指導計画（全12時間）

○教師が作成したデジタル絵本（図1）を読む。
○オリジナルのデジタル絵本を作成する。
- オリジナルキャラクターを作成する。
- <u>好きな場面を選んで、白兎の台詞を考える。</u>
- 表紙を作成する。

○オリジナルのデジタル絵本の発表をする。
- 友達の前で発表する。

図1　デジタル絵本①

（4）活動の概要（指導計画の下線部）

　プレゼンテーションソフト（Power Point）で作成したデジタル絵本を使って学習を進めました。教師が作成したデジタル絵本には、登場人物の台詞を入れず、地の文を録音しました。毎時間、生徒Aがスイッチを押しながらデジタル絵本を読み進めた後、好きな場面の白兎の台詞を考えました。3台のVOCAを使って提示された3つの選択肢の中から、生徒Aが台詞を選び、その音声を録音することでオリジナルのデジタル絵本の完成を目指しました。生徒Aが選択する台詞の内容から、話の大筋を捉えていることを確認しながら進めました。

　〈主な使用機器〉ノートパソコン、モニター、改造マウス、スイッチ、VOCA

（5）配慮事項

①主体的な操作を引き出すための環境設定

　生徒Aは、座位保持装置を使用していましたが、不随意な動きもあることから、テーブルから肘が落ちることが多く、そのたびに教師が肘の位置や姿勢を整える必要がありました。テーブル上でのスイッチ操作や手指の操作を行う上では、前腕や肘ができる限りテーブルから落ちることなく、肘が操作する際の支点（固定点）となるような環境を整える必要がありました。そこで、木製テーブルを加工し、両肘がテーブルから落ちるのを防ぐようにしました。

写真1　加工したテーブル

　また、生徒Aがモニターの映像や音声を視聴し、自分でスイッチを押しながらデジタル絵本を読み進めることができるように、加工したテーブルにスイッチを固定しました（写真1）。

②自ら考え、伝えるための環境設定

　生徒Aが白兎の台詞を考える際は、はじめから教師が台詞を録音したVOCAを提示するのではなく、一人で考える時間を設けました。生徒Aが台詞を考えている間、教師は教室から出て廊下の窓から様子を見ながら、生徒Aの考えに思いを巡らせ選択肢となる台詞をVOCAに録音しました。

写真2　台詞の選択

　そして、教室に戻った教師が提示用ボードに1台ずつ貼り付けるVOCAを、生徒Aが順に押して台詞を1つずつ確認する時間を設けました。また、生徒Aが台詞を選択する前には、「自分の考えが選択肢にない場合は、押さなくてもよい」と伝え、生徒Aの考えを引き出すことを大切にしながら進めるように努めました（写真2）。

4 成果・課題

「白兎は、海を泳いでいるサメを見ていいことを考えました。サメに数比べをするから、たくさんのサメを集めてくるように話をしました。」（図2）に続く、白兎の台詞を考えたときには、次のような台詞をVOCAに録音しました。

A	「サメでもクジラでも何でもいいから、いっぱい魚を連れてきてね。」
B	「神様ありがとう。これからは絶対にうそをつかないよ。」
C	「お願いしますよ、サメさん。いっぱい仲間を集めてきてね。」

生徒Aは、録音された台詞が流れている間、自ら押したVOCAに視線を向け、じっくりと台詞を聞いて考えている様子が見られました。また、物語の状況に合わない台詞の入った（B）を押した後は、手足がバタバタと動き、怒っているような表情を示しました。3台のVOCAを押して台詞を聞いた後、（A）と（C）に視線を向け、再び（C）を押しました。さらに、教師の言葉掛けを受けて、発声で応えることで選ぶことができました。

図2　デジタル絵本②

以上のような活動を繰り返しながらデジタル絵本を完成させることができました。完成したデジタル絵本を校内で発表したり、自宅で家族と一緒に視聴したりすることができました。

国語科の目標については、次のように評価をしました。毎時間、モニター画面に注意を向け、デジタル絵本に録音されている音声を聞きながら、タイミングよくスイッチを押して読み進めることができました。また、「いなばのしろうさぎ」の大筋を捉え、時間の経過や主人公の状況、心情を考えながら台詞を選択することができました。一方で、「自分の考えが選択肢にない場合は、押さなくてもよい」と伝えていましたが、毎回、提示された選択肢の中から選びました。台詞を選択した根拠を確認したり、状況に合わない台詞について明確な意図をもって設定したりする等、生徒Aが考えを深めるための手立てが必要であったと考えます。

自立活動の視点を踏まえ、教師からの身体介助を極力減らし、スイッチ操作しやすいテーブルの工夫や一人で考える時間の保障等の環境を整えたことで、生徒Aが自分で考え、伝えようとする積極的な姿につながったと考えます。また、毎時間、学習成果をすぐにデジタル絵本に反映することで、期待感をもって活動に取り組む姿につなげることができました。

本実践の評価から、国語科の学習では、ICTやAACを活用しながら物語や詩など様々な読み物に触れる中で、言葉を用いて自分の考えを伝えたり、表現に触れたりすることが必要であると考えました。

5 まとめ

本実践を進める上で大切にしたポイントを以下に示します。

(1) 自立活動の指導との関連

本実践を進める上では、姿勢や手指操作に関する指導・配慮事項、補助具の活用が重要なポイントでした。さらに、コミュニケーション面においては、生徒Aの微弱な発信を拡大、代替するためのICTやAACの活用は不可欠なものでした。国語科の目標を達成するために、自立活動の目標や指導内容と関連を図り、具体的な手立てを講じながら進めることができました。

(2) 目標及び内容を踏まえた指導内容の焦点化

「話の大体を捉える」という目標のもと、白兎の台詞を教師と一緒に考える活動に取り組みました。生徒Aが自分から声を発したり、進んで視線や手差しで選択したりする姿が多く見られました。それらの姿から、生徒Aが自ら考え、主体的に活動を進めようと積極的に取り組むことができたと捉えています。目標や指導内容が絞られていることが、生徒Aにとって学習の見通しのもちやすさにつながったと考えます。

(3) ICT・AACの効果的な活用

プレゼンテーションソフトで作成したデジタル絵本は、加工がしやすく、VOCAの音声も簡単に録音することができました。また、生徒Aが自ら読み進めることのできる環境を整えることで、視線の向きや動き、発声等、教材に向き合い思考する生徒の様子を詳細に確認することができました。生徒Aにとっては、毎時間、自分が選んだ台詞を録音することが学習意欲につながり、達成感を得るために有効であったと考えます。

白兎の台詞を選択する活動について、整理したものが以下の表となります。

- 教師が生徒の前から離れている間、モニター画面を見て状況に合う台詞を考える。【思考】
- 提示された複数のVOCAを押し、流れる台詞を聞いて比較する。【思考】
- 複数の選択肢の中から自分の考えと重なる台詞や、類似した台詞を選ぶ。選択肢の中に、自分の考えたものがない場合は選ばない。【判断】
- 選んだVOCAを押し、台詞を確認した後、教師に視線を向けたり、発声したりする。【表現】

デジタル絵本作りは、明確な答えのない問いに対して、生徒Aが自ら考え、その考えを教師が探りながら進める活動でした。白兎の台詞を選択する活動において、ICTやAACを活用しながら繰り返し取り組んだことは、思考力・判断力・表現力を育む上で大変有効であったと考えます。

今後も、教科と自立活動の関連を図りながら、児童生徒が学ぶ喜びを実感し、確かな力を育むための授業づくりを追究していきたいと思います。

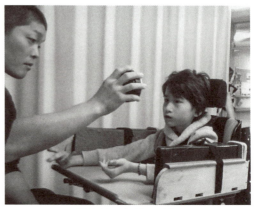

写真3 台詞の確認

授業力向上シート　教科指導の部

島根県立松江清心養護学校　教諭　奥村　健介

対象学部・学年	中学部・2年	教育課程	自立活動を主とする課程

学習指導要領における内容等

教科名・段階	国語・小学部3段階		
内容	知識及び技能	ウ（ア）昔話や神話・伝承などの読み聞かせを聞き、言葉の響きやリズムに親しむこと。	
	思考力、判断力、表現力等	C読むこと　イ　絵本や易しい読み物などを読み、時間的な順序など内容の大筋を捉えること。	
	学びに向かう力、人間性等	※目標　ウ　言葉がもつよさを感じるとともに、図書に親しみ、思いや考えを伝えたり、受け止めたりしようとする態度を養う。	

自立活動の観点から必要な配慮

区分・項目	身体の動き　　　　　　（2）姿勢保持と運動・動作の補助的手段の活用に関すること コミュニケーション　（2）言語の受容と表出に関すること
内容設定の手続き	自立活動の指導計画シートをもとに、児童生徒の学習及び生活上の困難さとその原因となる背景を明らかにした上で、指導内容と指導場面の設定を行った。上記の項目を関連させ、「操作しやすい環境の中で自らVOCAやICTを活用して考えや思いを発信する」という指導内容を設定した。 なお、実践当時から校内体制や取組の見直しが図られ、現在では自立活動部の担当者の巡回や助言から指導計画シートの作成、指導内容の組み立てや見直し等を行っている。

単元名	集団の人数	指導時数
デジタル絵本を作ろう「いなばのしろうさぎ」	1名	12時間

単元の目標	・デジタル絵本に興味をもち、スイッチを操作して見たり、聞いたりすることができる。 ・主人公の台詞を教師と一緒に考える活動を通して、話の大体を捉えることができる。 ・主人公の台詞を教師と一緒に考える活動の中で、選択肢の中から選んだり、進んで自分の考えを伝えたりできる。
方法	①教師が作成したデジタル絵本（PowerPoint）を読む。（改造マウスとスイッチの活用） ②オリジナルのデジタル絵本を作成する。 ・オリジナルキャラクターを選択する。　・好きな場面を選んで、主人公の台詞を考える。（VOCAの活用） ・表紙を作成する。 ③オリジナルのデジタル絵本の発表をする。
成果・課題	・ICT・AACを効果的に活用することで、国語科の目標を踏まえた学習を展開するだけでなく、生徒Aの期待感につなげることができた。 ・教師からの身体介助を減らし、自分でデジタル絵本を読み進めたり、選択したりすることのできる環境を整えたことで、生徒Aが自分で考え、伝えようとする積極的な姿につなげることができた。 ・明確な意図をもった選択肢の設定や生徒Aが選択した根拠についての確認等を行うことで、生徒Aが自らの考えを深めたり、広げたりすることができると考える。
他教科等との関連	・国語科の目標を達成するために、自立活動の目標や指導内容と関連を図り、具体的な手立てを講じながら進めることができた。 ・学習の成果物（デジタル絵本）を使って、校内で発表したり、自宅で家族と一緒に視聴したりすることができた。

識者コメント

　意図しない動きのある生徒にとって、意図した手の動きで物を操作したり、AACを活用して意思を示したりすることは重要な力です。このような点を丁寧に実態把握され、難しさが生じている原因に対して、身体面と環境面から支援され、学びやすい環境下で授業を展開されていることが素晴らしいと感じました。国語科の学習においては、ICT機器やAACを効果的に活用されており、生徒が主体的に物語を読み進めたり、考えて選んだ成果をデジタル絵本に反映させたりすることで、思考力・判断力・表現力を育まれている点がとても参考になると感じました。　　　　　（藤本　圭司）

自立活動の部 ｜小学部｜自立活動

14 児童が「自分の思いを伝える力」を高めるための実践
～表情、視線、身体の動きを活用して～

福島県立郡山支援学校　教諭　矢吹　恭子

Keywords　①コミュニケーション　②意図的な表出　③ICT機器の活用

1 背景

　本校の教育課程は、Ⅰ（小学校・中学校・高等学校の各教科等に準ずる教育課程）、Ⅱ（知的障害者を教育する特別支援学校の各教科等に替えた教育課程、以下、知的代替の教育課程）、Ⅲ（訪問教育の教育課程）の3類型となっています。本事例は、知的代替の教育課程の自立活動の指導において、児童が教師とやりとりしながら表情、視線、身体の動きを活用して自分の思いを伝える力を高めることを目指した実践です。

　小学部5年生の男子児童Aは、身近な教師や友達とのやりとりを好み、働き掛けに表情を変えたり身体の一部を動かしたりして応じることができます。言葉を聞いてイメージできることも多く、いろいろな人と「話したい」、自分の気持ちを「伝えたい」気持ちが強い児童です。意図した通りに身体を動かすことに困難さがあり、表出の手段が限られているため、「快、不快、YES、NO」以外の細かな気持ちが周囲に明確に伝わりにくく、もどかしい思いをすることがあります。

　児童Aが将来、周囲の人と円滑なコミュニケーションを図りながら、自分の思いを叶えていくためには、より「明確な発信の手段を身に付ける」ことが必要だと考えます。教師が児童Aの表情、視線、身体の動きを「共感、応答、推測、仮説」で丁寧に受け止め、言葉掛けや動かした部位へ触れるなど、具体的で分かりやすい方法で応えることで、自分の思いが伝わった、分かってもらえたという経験を重ね、意図的な表出を増やし、自分の思いを伝える力を高めることができるのではないかと考えました。

2 実践例

　自立活動は、「自立活動の時間」と「学校生活全体を通じて学ぶ自立活動」に分けられます。本事例では、週に2時間程度、それぞれの課題に沿って教師と1対1の学習に取り組む「個別の自立活動」の実践を紹介します。

（1）実態把握

　児童Aの実態について自立活動の6区分27項目に即して課題関連図（図1）を作成し、指導する課題の関連性を考慮しながら、中心的な課題を設定しました。

14 児童が「自分の思いを伝える力」を高めるための実践

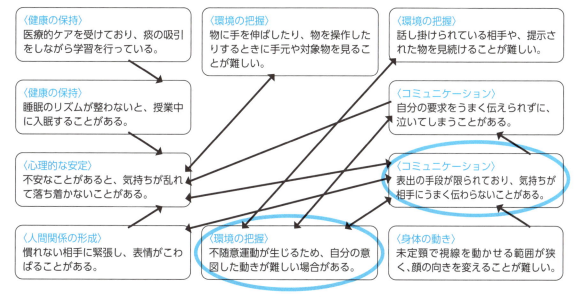

図1　課題関連図

（2）中心的な課題
- 表出の手段が限られており、相手に伝わりにくい。
- 意図した通りに身体を動かすことが難しい。

（3）実践
【実践①】
- 自分の身体の動きに意識を向けることができる。 前期
- 表情や視線、身体の動きで自分の気持ちを伝えることができる。 年間を通して

【成果】

　自分の身体の動きに気付き、意図した通りに身体を動かす経験を増やすため、大型モニターと書画カメラを使用して、自分の手の動きを見たり、手元を見ながら作業をしたりする学習に取り組みました。大型モニターに映し出された画像が、自分の姿であることに気付き、自分から手を左右に動かして動きを確認する姿が見られました。

　文具を用いた活動（写真1）では、大型モニターの画面をよく見て、動きが粗大にならないように気を付けながら、手を左右に動かすことができました。教師が児童Aの動きに合わせて、

写真1　紙にのりを付ける場面

「そうそう。」「もう少し右に動かそう。」などと言葉掛けをしたり、動かしてほしい部位に触れたりすると、自分の身体の動きに意識を向けながら動きを修正しようとしました。目と手の協応動作は疲れるようで、動きを調整しながら活動できた時間は2～3分間程度でした。疲れてくると両手を机から下ろして、不快な表情をすることがありました。

　切り離された絵カードを合わせる活動（写真2）では、両手を使って絵カードを操作しようとす

97

る姿が見られました。近くの絵カード同士を両手で中央に寄せることで、絵が完成することに気付き、左手はカードに添えて、右手を中央にスライドさせる意図的な動きを引き出すことができました。分割数が多くなったり、片方の絵を逆さにして提示したりすると、大型モニターの情報を正確に把握することが難しくなり、困って泣いてしまうことがありました。

「疲れた」「終わりたい」「難しい」という状況で、教師に明確に自分の気持ちを伝えることができるよう、意図的な表出を引き出す場面を設定しました（表1）。

写真2　絵合わせをする場面

表1　意図的な表出を引き出すためのやりとりの一例

① 児童Aが視線を動かせる範囲に立ち、顔の高さを合わせる。 教師
② 視線を動かして教師の位置を確認する。 児童A
③ 児童Aの表情や視線の動き、身体の力の入り方などを観察し、「困っている状況」を推測する。 教師
④ 「Aさん。」と言葉掛けをし、働き掛けることを予告する。 教師
⑤ 自分への働き掛けに気付き、教師の方へ視線を動かす。 児童A
⑥ 不随意運動が落ち着いているか、話を聞くことができる状態か確認する。 教師
　※気持ちが乱れていたり、身体の動きが粗大になったりしている場合は、バギー車や座位保持装置から降ろして姿勢を変え、落ち着くまで待つようにする。
⑦ 「頑張っているね。」と頑張りを称賛するとともに、「疲れたかな。」と困っている気持ちに寄り添う言葉掛けをする。 教師
⑧ 教師の言葉掛けを聞き、自分の気持ちや身体の状態に意識を向ける。 児童A
⑨ 「終わりにしますか。」と言葉掛けをし、児童Aの表出を観察する。 教師
⑩ 「終わり」の言葉に気付き、自分の身体に意識を向けて応答しようとする。 児童A
⑪ 児童Aが自分から身体を動かして応答するまで、できる限り静かに待つ。 教師
⑫ 児童Aからの明確な表出が出ない場合は、右手や口など比較的動かしやすい部位に触れて、「ここを動かしてみようか。」と言葉掛けをする。 教師
⑬ 動かせる部位を自分なりに動かして応答する。 児童A
⑭ 「教師と視線を合わせる」「口を開ける」「右手を上げる」などの動きが見られたら、「分かったよ。」と言葉掛けをすると同時に、表出を受容したことの合図として、動かした部位に触れる。 教師
⑮ 自分の思いが伝わったことに気付き、笑顔を見せたり身体の力を抜いたりする。 児童A

教師が児童Aの表情、視線、身体の動きを観察し、言葉掛けや動かした部位へ触れるなど、児童Aの分かりやすい方法で思いを受け止めることを繰り返すことで、困っている状況で教師のいる方へ視線を向けて支援を要求することが増えました。

【実践②】
・意図的に対象物を注視することができる。 後期
【成果】
　4年生から視線入力装置を活用して学習しており、「①画面を見る　②視線を動かす　③対象を

見る ④変化が起きる」という一連の流れを理解しています。視線入力装置を使用しているときは、頭や上肢の不随意運動が少なくなり、自分の姿勢を調節しながら「見ること」に集中しようとする姿が見られます。楕円を３秒間注視すると、魚や動物が現れ、効果音や鳴き声が鳴る学習ゲームを好み、すべての楕円が変化すると達成感で笑顔になることがあります。教師が注視させたい場所に指を差し（写真３）、「上を見て。」などと言葉掛けをすると、教師から言葉掛けをされたときは、別の場所に視線をうつすことや、指差しされている場所を注視することに気付き、視線を動かそうとする「相手の意図を感じ取り、それに応じた行動をする」姿が見られました。また、難しい課題のときに困った表情をして「難しい」という気持ちを伝えたり、視線で効果音を鳴らすことで教師を呼んだりする「物を介した意図的なやりとり」が見られるようになりました。

写真３　視線入力装置を使用する場面

児童Ａと教師が「できた」「分かった」を共有しながら学習ゲームに取り組むことで、「あと２つ頑張ったら（課題を達成したら）終わりにしよう。」などの教師の提案を受けて

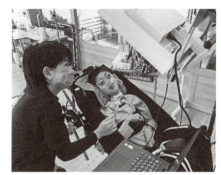

写真４　教師とゲームを楽しむ児童Ａ

自分の気持ちを整え、最後まで集中して課題に取り組もうとする姿が見られるようになりました。

3 まとめ

　自立活動の指導を通して、意図的な表出を増やし、自分の思いを伝える力を高めるための学習に取り組みました。教師が児童Ａの表出を見逃さないように配慮し、「共感、応答、推測、仮説」を繰り返しながらやりとりを行うことで、「伝わる」ことが安心感につながり、「伝えよう」とする意欲が高まったと同時に、教師の意図を理解しそれに応じようとする相互関係が深まったと感じます。一方で、児童Ａはその日の身体の状態によって自発的に動かすことができる部位に違いがあることに気付き、教師が児童Ａの得意な動きを決めつけてしまうことで、表出の幅を狭めていることが分かりました。表出の手段が限られていると感じていたのは、教師が児童Ａの微細な反応を読み取ることができない未熟さからであり、児童Ａはいろいろな思いを、自分の活用できる感覚を通して教師に伝えていたのではないかと感じました。

　児童Ａの思いをすべて理解することは難しいですが、小さな変化を見逃さず、内面に寄り添い、心の動きを丁寧に推測することで、安心して自分の思いを伝えることができる学習環境をつくっていきたいと思います。

●参考文献
長崎自立活動研究会「自立活動学習内容要素表」

授業力向上シート　自立活動の部

福島県立郡山支援学校　教諭　矢吹　恭子

対象学部・学年	小学部・5年	教育課程	知的代替の課程

個別の目標に迫る自立活動の内容

区分・項目
環境の把握（1）保有する感覚の活用に関すること
　　　　　　（4）感覚を総合的に活用した周囲の状況についての把握と状況に応じた行動に関すること
コミュニケーション（1）コミュニケーションの基礎的能力に関すること

内容設定の手続き
①保護者、前担任、学校看護師などの関係者から、本人の情報を収集したり、実態を観察したりしながら、自立活動の6区分27項目に即して実態把握を行う。
②課題関連図を作成し、指導する課題の関連性を考慮しながら、中心的な課題を設定する。
　・表出の手段が限られており、相手に伝わりにくい。（心、人、環、コ）
　・意図した通りに身体を動かすことが難しい。（環、コ）
③中心的な課題を受けて、具体的な指導内容を設定する。
　・自分の身体の動きに意識を向けることができる。
　・意図的に対象物を注視することができる。
　・表情や視線、身体の動きで自分の気持ちを伝えることができる。
④目標を達成させるために有効な指導方法や手立てについて検討する。

単元名	集団の人数	指導時数
自分の気持ちを伝えよう	1名	90時間

単元の目標
・自分の身体の動きに意識を向けることができる。
・意図的に対象物を注視することができる。
・表情や視線、身体の動きで自分の気持ちを伝えることができる。

方法
・知的代替の教育課程の自立活動の指導において、児童Aが教師とやりとりしながら表情、視線、身体の動きを活用して自分の思いを伝える力を高めることを目指した実践。

成果・課題
・教師が児童Aの表情、視線、身体の動きを観察し、言葉掛けや動かした部位へ触れるなど、分かりやすい方法で思いを受け止めることを繰り返すことで、「困っている状況」で教師のいる方へ視線を向けて支援を要求することが増えた。
・教師が児童Aの表出を見逃さないように配慮し、「共感、応答、推測、仮説」を繰り返しながらやりとりを行うことで、「伝わる」ことが安心感につながり、「伝えよう」とする意欲が高まったと同時に、教師の意図を理解しそれに応じようとする相互関係が深まった。

・児童Aの「表出の手段が限られている」と感じていたのは、教師が児童Aの微細な反応を読み取ることができなかった未熟さからであり、小さな変化を見逃さず、内面に寄り添い、心の動きをより丁寧に推測することが必要であった。

他教科等との関連
国語科「学校生活について話そう」
目標：・学校生活について教師や友達と話をする。・教師の言葉から事柄を思い浮かべる。
成果：友達のいる方へ視線を向けたり、口を動かして「はい。」と応答したりすることができた。

識者コメント

　本事例は「明確な発信の手段を身に付ける」ことを目的とした自立活動の時間の指導の実践です。まず自分の身体の動きに気付き、意図した通りに身体を動かす経験を増やすために大型モニターで自分の様子を見ながら学習をしています。そして、対象物を注視するための学習へ進んでいます。本文中の表1は一例とありますが、たいへん参考となるものです。見ることの支援、身体を動かすことの支援は、肢体不自由児の教科の学習においては基盤となるものと言えます。

（川間　健之介）

自立活動の部 | 小学部 | 自立活動

15 学習や生活への汎化を目指した自立活動の時間における指導
～課題関連図を活用して～

筑波大学附属桐が丘特別支援学校　教諭　岡田　奈美

Keywords ①環境の把握　②身体の動き　③自立活動の時間における指導

1 目的

　学習指導要領において、障害により、学習上・生活上の困難さをもつ肢体不自由児にとって、自立活動の時間における指導が、他の授業や生活場面に汎化されることが全般的な成長につながることが示されています。その授業において、今回対象となる児童Aに対して、児童自身の身体を教材にすることで、より分かりやすい授業とすることができるのではないかと考えました。教師が身体の動かし方を一方的に伝えるのではなく、児童Aの表情や身体に触れたときの反応を受け止め、それに対して言葉掛けや触れ方を変化させるといったやりとりをしながら、児童Aが学ぶ姿を捉え、授業実践に取り組みました。

2 方法

　指導者集団のケース会で児童Aについて現状と課題を整理し、実態把握図（図１）を作成しました。図式化する中で学校生活全体における指導の方向性を立て、それを基に個別の指導計画を作成しました。この個別の指導計画から、自立活動の時間における指導や各教科の授業計画を立てました。このような手続きをとることで、自立活動の授業と各教科の授業を関連付けて指導を行うことができるように意識しました。そして、児童Aが目指す姿に近付いていけるように、自立活動の時間における指導では、課題関連図（図２）を作成して情報を整理し、授業づくりを行いました。

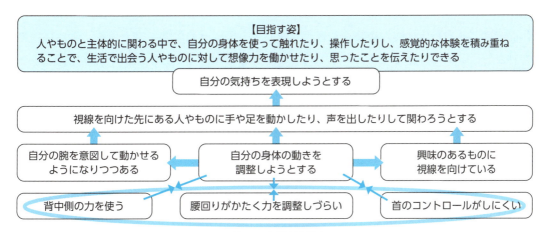

図１　実態把握図

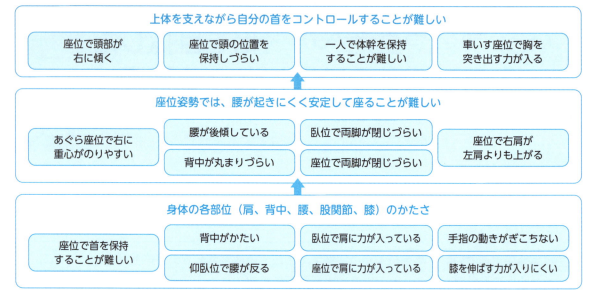

図2　課題関連図

3 実践

（1）児童Aの実態

　児童Aは、肢体不自由特別支援学校の小学部第3学年に在籍し、自立活動を主とする教育課程で学んでいます。学校に隣接された病棟で生活しており、日常生活動作については、座位保持機能付きの車いすでの介助移動で、食事や着替え、排便排尿等すべての場面で介助が必要です。体調の波はあるものの、おおむね安定して学校生活を送っています。

　学習の様子としては、名前を呼ぶと呼ばれた方向にちらっと視線を向けて「あ～」と声を出して返事をしたり、マットに横になっているときに、スイッチなど音の出る教材を手の近くに提示されると、指先を動かして押そうとしたりする様子が見られました。しかし、体調が優れなかったり慣れていない場面に遭遇したりすると、表情や身体の動きでの児童Aの表出が少なくなる様子が見られました。また予想外の音に驚き気持ちが切り替えられず、活動になかなか参加できないこともありました。

　身体面では、あおむけに寝た姿勢から寝返りをしてうつぶせに姿勢を変えたり、あおむけのまま手足を動かし、身体の向きを変えたりすることができました。しかし車いすや座位保持いすに座ると、身体を起こした姿勢を保ちながら、顔を上げたり横を向いたりするといった首の動きを調節したり、前方に提示されたものに自分から手を伸ばしたりすることがしにくい様子が見られました。そのため、児童Aが身近な人やものに興味をもったとしても、それを見続けたり、手を伸ばして触れて確かめたりして関わることがしづらい状態でした。

（2）指導すべき課題

　実態把握図（図1）から指導すべき課題の整理をしました。課題を整理する過程で、児童Aの学ぶ姿として、視覚を活用し、自分の身体を使いながら人やものと関わっていると捉えました。視覚を活用する力や自分の身体を使って人やものと関わる力を高めるための下支えとして、自立活動の

時間における指導では、どんな力を身に付けられたらよいのか、児童Aの身体の使い方に注目して課題関連図（図2）を作成して情報を整理しました。

人やものと関わるために、児童Aは手足を動かして触れたり、声を出したりしますが、座った姿勢で顔を上げたり横を向いたりするといった首の動きの調節がしにくかったり、寝た姿勢でも座った姿勢でも肩回りや背中に力が入ってしまい、腕を前に伸ばしづらかったりしました。また、身体の各部のかたさがあるため、座った姿勢で腰を起こす力を入れて保つ力も不安定な状態でした。

課題関連図（図2）を作成する過程で、児童Aの首の動きの調整のしづらさは、座った姿勢での体幹の保持が不安定であることとの関連が大きいのではないか、と仮説を立てました。また、座った姿勢が不安定になる要因として、肩回りや背中といった身体の各部に力が入りやすく動かしづらいことが関係していると捉えました。このことから、自立活動の時間における指導では、①自分の身体の状態や動きに気付いて、緊張の力をゆるめたり、教師の動きに合わせて身体を動かしたりすることができる、②上体を保持する力を入れ、教師と一緒に安定して座る力を高める、③教師と一緒に座位姿勢を保ち、自分で顔を上げたり、左右に動かしたりすることができる、を年間指導目標としました。自立活動の時間における年間の授業計画を表1にまとめました。

表1　年間の授業計画

	目標	内容
年間指導目標	・自分の身体の状態や動きに気付いて、緊張の力をゆるめたり、教師の動きに合わせて身体を動かしたりすることができる。 ・上体を保持する力を入れ、教師と一緒に安定して座る力を高める。 ・教師と一緒に座位姿勢を保ち、自分で顔を上げたり、左右に動かしたりすることができる。	
1学期	・自分の身体に意識を向け、肩や腰回りに入る力をゆるめることができる。 ・教師の後方からの支援を受けながら、あぐら座位を保つことができる。	・あおむけになり、教師と一緒に腕を動かしながら、肩回りに入る力に気付いて、自分でゆるめたり入れたりする。 ・あぐら座位で腰を起こす力を入れたり、抜いたりする。 ・あぐら座位で上体を前後左右に動かしながら、保持する力を入れる。
2学期	・自分の身体に意識を向け、肩や腰回りに入る力をゆるめることができる。 ・教師の援助の動きに合わせてゆっくりと腰を動かすことができる。 ・教師の後方からの支援を受けながら、箱いす座位を保つことができる。	・あおむけになり、教師が触れて示す方向にゆっくりと腰をひねりながら寝返りをする。 ・箱いす座位で腰を起こす力を入れたり、抜いたりする。 ・箱いす座位で教師と一緒に上体を左右にひねる。
3学期	・自分の身体に意識を向け、肩や腰回りに入る力をゆるめたり、腕や足を教師と一緒にゆっくりと動かしたりすることができる。 ・援助を受けながら、上体を支える力を入れて箱いすでの座位を保ち、顔を上げることができる。	・教師が触れて示す方向にゆっくりと腰をひねりながら寝返りをする。 ・箱いす座位で腰を起こす力を入れたり、抜いたりする。 ・箱いす座位で上体を前後左右に動かしながら、保持する力を入れる。 ・箱いすに安定して座っていることを感じ、援助を受けながらゆっくりと顔を上げたり、左右を向いたりする。

（3）指導の実際

自立活動の時間における指導の年間指導目標を基に学期ごとの目標を立て、授業内容を考えていきました。授業時、児童Aの動きを受け止め、言葉掛けや触れ方を工夫して児童Aに伝えるといったやりとりは、どの指導内容でも統一して取り組むようにしました。反対に、指導内容の取り組む順番は統一せず、その日の体調や表情、身体の使い方を確認して、授業を組み立てるようにしました。

4 成果・課題

（1）自立活動の時間における指導での児童Aの変容

指導始めの頃、教師と一緒に腕を動かす場面では、児童Aが自分で腕を動かす様子がはっきりせず、児童Aの表情もぼんやりとしていました。教師が児童Aの肘や手首に触れて、動かす方向や速

さを工夫しました。すると、腕を動かそうと児童Aが力を入れる様子が、触れている手から伝わってきました。その様子に合わせて「ここはどうかな」「いいね」等と丁寧に言葉掛けをするようにしました。児童Aが教師と一緒に身体を動かそうとする動きを受け止め、言葉掛けや触れ方を工夫して児童Aに伝えることで、授業に取り組む児童Aの表情が変化していきました。上げた腕をじっと見つめたり、ふっとゆるめることができると微笑んだりしていました。

　箱いすに座る場面では、身体を起こした姿勢を保つために、背中を反らせるように力を入れていました。教師と一緒に座ろうとしても、座面からお尻が浮いてしまうこともありました。前後左右に動かしたり、上体をひねったりしてお尻で座る感じがつかめてくると、肩回りや背中に入る力を少なくなり、落ち着いて座ることができました。教師が後方からぴったりと支えず、両肩に触れて支えるといった軽い援助でも座ることができるようになりました。座った姿勢が安定すると、自分から首を動かして顔を上げる様子が多く見られるようになりました。あぐら座位や箱いす座位だけでなく、座位保持いすを使ってものと関わることにも取り組み、学習内容の種類が増えていきました。

（2）学校生活全般における児童Aの変容

　安定して座る力が高まることで、他の授業での学習場面でも、自分で顔をあげて提示された教材を見たり、車いすのカットテーブルの上に置かれたものに手を伸ばして触れたりすることがしやすくなりました。また、あおむけでも座った姿勢でも、休み時間に教室のドアがノックされると音のする方向に首を動かして、誰が入ってきたかを確かめ、声を出したり笑ったりするなど、児童Aから周囲に注意を向けたり、身近な人に関わったりする様子が見られるようになりました。身体に入った力をゆるめる感覚を活かして、水分摂取時に胸・肩回りに入った力をゆるめて、ごくっと唇を閉じて飲み込むこともできるようになりました。視覚を活用し、自分の身体を使って人やものと関わりながら学ぶ姿が様々な場面で見られるようになりました。

5 まとめ

　身体の動きや座位の安定は、視覚を活用し、自分の身体を使って人やものと関わりながら学ぶ児童Aの学びやすさに大きく影響したと思います。周りの環境を把握しやすくなっただけでなく、児童Aが主体となって人やものなど周りの環境に働きかけるといった姿の変容が見られました。自立活動の時間における指導での取組が基となり、学習や生活への汎化に迫ることができたと考えます。

1学期　箱いすに教師と一緒に座る様子

3学期　箱いすに教師と一緒に座る様子

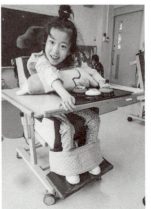

3学期　座位保持いすに座って学習に取り組む様子

授業力向上シート 自立活動の部

筑波大学附属桐が丘特別支援学校　教諭　岡田　奈美

対象学部・学年	小学部・3年	教育課程	自立活動を主とする課程

個別の目標に迫る自立活動の内容

区分・項目
身体の動き（1）姿勢と運動・動作の基本的技能に関すること
環境の把握（1）保有する感覚の活用に関すること

内容設定の手続き
対象児に関わる指導者集団でケース会を実施し、自立活動の6区分27項目の視点を踏まえ、対象児の現状と課題についておさえ、整理しながら実態把握図を作成する。図式化する中で学校生活全体における指導の方向性を立て、それを基に個別の指導計画を作成する。この個別の指導計画から自立活動の時間における指導や各教科の授業計画を、授業者が立てる。

単元名	集団の人数	指導時数
自分の身体を動かして、座ってみよう、見てみよう	1名	35時間

単元の目標
自立活動の時間における指導　年間指導目標
・自分の身体の状態や動きに気付いて、緊張の力をゆるめたり、教師の動きに合わせて身体を動かしたりすることができる。
・上体を保持する力を入れ、教師と一緒に安定して座る力を高める。
・教師と一緒に座位姿勢を保ち、自分で顔を上げたり、左右に動かしたりすることができる。

方法
時間における指導の授業での流れ
・対象児童Aのその日の体調や表情、身体の使い方を確認する。
・児童Aが自分の身体の状態の変化を感じられるよう、また、授業を行う教師が評価できるように、臥位や座位の様子を確かめる。
・児童Aの身体を教材とした授業づくりでは、教師が児童Aの動きを受け止め、言葉掛けや触れ方を工夫して伝えるといったやりとりを、どの指導内容でも統一して丁寧に取り組む。
・指導内容の取り組む順番は統一せず、授業開始時に確認した児童Aの様子から考え、組み立てる。

成果・課題
　視覚を活用し、自分の身体を使って人やものと関わりながら学ぶ児童Aにとって、安定して座る力が高まったことは児童Aの学習のしやすさにつながったと考える。
　教師が児童Aの身体に触れて、一緒に腕を動かす場面では、動かす方向や速さ、言葉掛けを工夫することで児童Aが自分の身体を動かそうと力を入れる様子を、触れている手から気付くことができた。児童Aは自身の身体に触れられながら、教師と一緒に動かすことで、じっと自分の腕を見つめるなど、自分の身体に意識を向けることができた。また肩回りに入る力に気付き、ゆるめることができると、座面にお尻をしっかりつけて座る感覚を掴み、少ない援助で座った姿勢を保つことにつながった。
　自立活動の内容設定において、関係する指導者集団でケース会の実施、個別の指導計画の作成といった手続きを行うことで、自立活動の授業と各教科の授業を関連付けて指導を行えるよう計画を立て、実施することができた。このような視点をもつことで、自立活動の時間における指導の取組が、学習や生活への汎化につながっていくと考える。

他教科等との関連
安定して座る力が高まることで、他の授業での学習場面でも自分で顔をあげて教材を見たり、前方に置かれたものに手を伸ばして触れたりすることがしやすくなった。児童Aが主体となって身近な人やものと関わることが増え、児童Aの主体的な動きが引き出されたり、学習意欲が高まったりしていった。

識者コメント

　本実践の素晴らしい点は、自立活動の時間における指導計画の手続きが明確で、その指導の中で身に付けた力が学習及び生活場面につながっていることです。まず、丁寧な実態把握から指導すべき課題について整理を行い、指導仮説に基づいて、自立活動の目標を設定されています。実際の指導場面では、児童の腕を動かそうとする力を受け止め、児童の最大限の力を活かすこと意識した支援をされています。こういった丁寧な関わりの中で育まれた力が、日々の学びや生活の中での礎となっています。多くの先生方に参考にしていただきたい好事例です。
（藤本　圭司）

自立活動の部 ｜中学部｜自立活動

16 中学部生徒を対象とした身体ケアの習慣化を図る指導
～「身体の学習」と「テーマ学習」～

筑波大学附属桐が丘特別支援学校　教諭　村主　光子

Keywords ①主体的な学び　②身体ケア　③自己評価

1 背景と目的

　肢体不自由のある多くの児童生徒にとって、身体をケアすることは生涯にわたって付き合わなければならない営みです。しかし、中学部の生徒の様子を見ていると、どうしても目の前の学習に追われてしまい、首や肩周りの痛みのケアは他人任せにしてしまっている様子が見受けられます。身体ケアを他人任せにしていては、自分でケアするという意識や能力が身に付かないまま社会に出ることになりかねません。筆者は、特別支援学校に通っている間に自分自身で身体をケアできるよう指導することの大切さを、ある卒業生の一言から気付かされました。念願の就職を果たしたその卒業生は、早く仕事に慣れようと頑張った末、身体に不調をきたし休職を経験しました。その後、会社の支援を得て無事復職しましたが、その体験を聞かせてもらった際に卒業生が語った一言が、「(特別支援学校に通っていた)あの頃は、若かったからどうにか乗り越えられた」でした。若さ故に身体ケアの大切さに気付けなかったという回顧の弁を耳にし、在学時になぜ気付かせてあげられなかったのかと反省させられました。

　日本脳性麻痺の外科研究会が、2009・2015年に成人の脳性麻痺者を対象に実施した調査によれば、加齢に伴う二次障害の増加や移動能力の低下、健康状態の悪化が認められ、現状維持あるいは低下予防が課題となっていることを指摘しています（三島，2017）。卒業後の長い人生を歩む肢体不自由のある児童生徒にとって、在学中に身体のケアの必要性を自覚し、しっかりと自分でケアする又は他者にケアを依頼できる力を育成することは、極めて重要であると考えます。図らずも現行の特別支援学校学習指導要領より、自立活動の「健康の保持」の内容項目に「障害の特性の理解と生活環境の調整に関すること」が新設されました。その点を踏まえ、自分の身体に向き合い、活動のしやすさという観点で環境や状況を判断したり調整したりする力の育成を目指すとともに、卒業後の生活を見据える観点から自立活動を学ぶ意味を理解し、自己選択・自己決定の機会を設けながら自ら身体のケアに取り組む力と意欲や態度を培うために取り組んだ実践を紹介します。

2 概要

(1) 対象生徒

　本事例の対象は、脳性麻痺により肢体に不自由があり、中学部の各教科の目標・内容で学ぶ生徒Aです。同じ学校の小学部に入学し、そのまま中学部に進学しました。筆者は、中学部の3年間、

生徒Aの自立活動を毎週１時間担当しました。
（２）生徒Aの自立活動の授業について
　自立活動の授業（時間における指導）は週２時間あり、うち１時間を筆者が担当しました。指導目標は「生活の流れと自分の心身の状態とのつながりをとらえ、体の休め方や動かし方を学習し、自らの生活の中に生かすことができるようにする」と設定しました。また、内容項目から身体の動き（1）・健康の保持（4）・心理的な安定（3）を選定し、指導内容は①「自己の心身の状態を評価し、心身の状態に応じてケアする方法を身に付ける」と②「行事等の前後に身体的・心理的課題を踏まえた目標設定と事後評価を行い、生活への見通しをもちながら心身の整え方を身に付ける」と設定しました。

　授業を前後半に分け、前半（10分）は「テーマ学習」、後半（40分）は「身体の学習」の２部構成で行いました。

　「テーマ学習」は他の生徒と合同で行い、発表形式で学び合う場としました。行事等の前に「テーマ学習シート」（図１）を作成し、身体的・心理的課題に沿った目標と取り組む内容、スケジュールを設定し、行事等の終了後に自己評価（記述及び３段階評価）を行うようにしました。

　「身体の学習」は生徒Aが日々の心身の状態を点検し、その日の状態に応じた目標設定を行った上で、自己ケアする方法を学習しました。具体的には、毎回自己評価の目安としているあぐら座で前屈や膝の曲げ伸ばしなどを行い、本人が違和感のある腰や膝などの部位を確認した後、生徒Aの判断で重心移動や腕の上げ下ろしの課題などに取り組みました。教師は、必要に応じて声をかけたり生徒Aの動作に合わせて一緒に腕を動かしたりしました。授業の最後にあぐら座位姿勢を毎回撮影し、授業前や過去の写真との比較を行い（図２）、学習の成果を教師と共有しました。

　中２の２学期より、身体の自己ケアを習慣化するため、自己ケアチェック表（図３）を用い、家庭でのケアの実施の有無や心身の疲れ、痛み等を記録するようにしました。

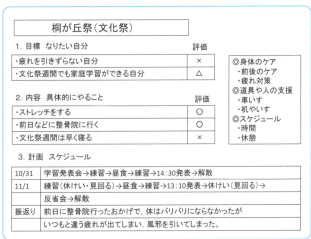

図１　文化祭のテーマ学習シート

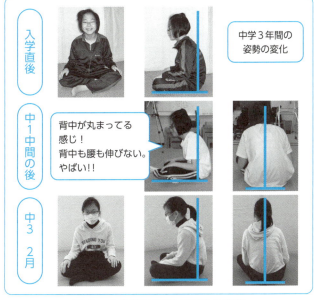

図２　中学部３年間の姿勢の変化

（3）指導の成果

生徒Aは、小学部段階から自己ケアの目安とするあぐら座姿勢を確認し、自己の状態を評価する学習を積み重ねてきました。その学習を基盤に、自身の心身の状態を常に確認し、自分でケアする方法を修得するための学習を積み重ねるという３年間を過ごしました。生徒A本人が回顧した内容をまとめると次のとおりです。

中１では、学校生活の変化に伴う変形や動きづらさに気付き、授業の最後には身体の学習の成果を実感できました。自分なりに対策を講じましたが、中１の段階では身体のケアを習慣化するまでには至りませんでした。

中２では、国際交流で韓国の学校を訪問するなど行事に意欲的に参加できましたが、成長期と重なり、日常生活動作の後退を体感しました。それにより自己ケアの必要性を痛感し、自己ケアチェック表への記録を開始しました。

中３では、自立活動における「身体の学習」を通じて自己ケアの観点（図４）を習得するとともに、宿題チェック表の取組を継続し、ケアの実施の有無や体調の変化を可視化できたことで、自己ケアを習慣化することができました。また、「テーマ学習」によって、定期考査や行事等に見通しをもって主体的に取り組むことができるようになり、自己ケア等を具体的に計画・実施して、実施後の評価も欠かさず行うことができました。さらに日常生活の中で、自己ケアできる状態と教師や専門家に相談・依頼しないといけない状態とを判断できる力も身に付けました（図５）。

「身体の学習」と「テーマ学習」の継続を通して生徒Aが実感した自身の変化と得た手応えは、その後の高等部での活動の自信にもつながっており、習慣化された心身の状態の管理や身体ケアの方略は卒業後の生活を見据えた職場実習等でも活用されることになりました。

中２　１学期後半チェック表
つけ始めた頃

	膝曲げ ○×	腕上げ ○×	メモ（感想）
/　（月）			
/　（火）			
/　（水）			
7/24（木）	×	×	
7/25（金）	○	○	少しかため うでがあがらない
7/26（土）	○	○	〃
7/27（日）	○	○	微妙…
7/28（月）	○	○	〃
7/29（火）	○	○	まぁまぁ
7/30（水）	×	×	
7/31（木）	×	×	
8/1（金）	○	○	ふつう
8/2（土）	○	○	かたい
8/3（日）	○	○	ふつう
8/4（月）	×	×	
8/5（火）	×	×	
8/6（水）	○	○	ふつう
8/7（木）	×	×	
8/8（金）	○	○	ふつう
8/9（土）	○	○	かため
8/10（日）	○	○	かため
8/11（月）	○	○	ふつう
8/12（火）	○	○	うでが上がりづらい
8/13（水）	×	×	

中３　３学期

	足のばし ○×	腕上げ ○×	前屈 ○×	メモ（感想）
1/11（月）	○	○	○	腕が上がらない
1/12（火）	○	○	○	〃
1/13（水）	○	○	○	首がかたい
1/14（木）	○	○	○	〃
1/15（金）	○	○	○	背中もかたい
1/16（土）	○	○	○	〃
1/17（日）	○	○	○	肩がかたい
1/18（月）	○	○	○	〃
1/19（火）	○	○	○	首がいたい
1/20（水）	○	○	○	〃
1/21（木）	○	○	○	背中がかたい
1/22（金）	○	○	○	全身ボロボロ
1/23（土）	○	○	○	〃
1/24（日）	○	○	○	少しよくなった
1/25（月）	○	○	○	〃
1/26（火）	○	○	○	腰が痛い
1/27（水）	○	○	○	全身ボロボロ（発作）
1/28（木）	○	○	○	全体的に少しよくなった
1/29（金）	○	○	○	全身ボロボロ（大発作
1/30（土）	○	○	○	全体的に少しよくなった
1/31（日）	○	○	○	〃
2/1（月）	○	○	○	〃
2/2（火）	○	○	○	体を伸ばせるようになった
2/3（水）	○	○	○	〃

図３　自己ケアチェック表

前屈をするときのチェック項目
・身体の軸がずれていないか ・身体の傾き ・身体のかたさ（緊張） ・まっすぐ前屈できているか

1. ひざが伸びにくくなる
   →ひざは自分でケアできる。
2. 股関節と足首にくる
   →股関節は自分でできる。
3. 背中が丸まってる感じ（伸びない）
   →背中と腰にきたらやってもらわないと無理
4. 頭が首の上にのっていない感じ
   →集中訓練会などで集中的にやらないと無理

図4　自己ケアの観点　　　　　　　　　図5　自己ケアの実施と依頼

3 まとめ

（1）身体ケアを習慣化する指導のポイント

①身体の学習

「身体の学習」を通して、自己の心身の状態を評価する観点を明確にし、状況に応じて学習内容を自己選択・自己決定する経験を積み重ねながら、姿勢の変化を実感したり可視化して確認したりすることで、身体ケアに対する意識が高まり、管理能力も身に付いていったと捉えています。

②テーマ学習

「テーマ学習」を通して、学校生活の中で生徒Aの意識が向きやすい活動を取り上げることで、自己の生活と身体ケアとの関連付けを図りやすくし、自立活動の時間における指導の枠に留まらず、体調管理と身体ケアの習慣化に結び付けることができたと考えます。ただし、ここで強調しておきたいのは、あくまでも自立活動の指導として「身体の学習」が十分に行えていることが前提となります。

③2つの学習で重視した点

「身体の学習」及び「テーマ学習」を通して筆者が特に重視した点は、指導の対象である生徒A自身が自分で気付き、判断して実施し、その都度評価して身体ケアを継続し続けることができるようにすることでした。教師主導で身体をケアするのではなく、自立活動に取り組む生徒A自身が身体ケアの重要性を認識し、ケアの主体となって対処できるようになってほしいとの願いが、生徒A自身による身体ケアのPDCAサイクルの実行という発想となりました。

（2）今後の課題

本事例は、中学部3年間の指導を取り上げて紹介していますが、当然その前提となる小学部での指導と後続する高等部の指導との連続性を考える必要があります。必要な指導のリレーを果たすためには、個別の指導計画を核とした指導に当たる教師間の共通理解や指導力が問われることになると考えます。

●参考文献
三島令子（2017）成人期における脳性麻痺の諸問題－成人脳性麻痺者の健康調査より－．第44回日本脳性麻痺研究会記録集，1-9．

授業力向上シート 自立活動の部

筑波大学附属桐が丘特別支援学校　教諭　村主　光子

対象学部・学年	中学部・1〜3年	教育課程	準ずる課程

個別の目標に迫る自立活動の内容

区分・項目	身体の動き　（1）姿勢と運動・動作の基本的技能に関すること 健康の保持　（4）障害の特性の理解と生活環境の調整に関すること 心理的な安定　（3）障害による学習上又は生活上の困難を改善・克服する意欲に関すること
内容設定の手続き	複数の教員により整理・作成される個別の指導計画の中心項目（指導の方向性となる課題、手立て・配慮、自立活動の課題）を踏まえ、自立活動の授業担当者が指導目標・指導内容を設定する。指導目標は「生活の流れと自分の心身の状態とのつながりをとらえ、体の休め方や動かし方を学習し、自らの生活の中に生かすことができるようにする」であり、指導内容は①「自己の心身の状態を評価し、心身の状態に応じてケアする方法を身に付ける」②「行事等の前後に身体的・心理的課題を踏まえた目標設定と事後評価を行い、生活への見通しをもちながら心身の整え方を身に付ける」である。

単元名	集団の人数	指導時数
身体のケアを身に付けよう	1人（一部5人）	105時間

単元の目標	生活の流れと自分の心身の状態とのつながりをとらえ、体の休め方や動かし方を学習し、自らの生活の中に生かすことができるようにする。
方法	授業を①「身体の学習」（個別指導）と②「テーマ学習」（集団指導）の2部構成とし、①では「自己の心身の状態を評価し、心身の状態に応じてケアする方法を身に付ける」こと、②では「行事等の前後に身体的・心理的課題を踏まえた目標設定と事後評価を行い、生活への見通しをもちながら心身の整え方を身に付ける」ことを指導した。
成果・課題	「身体の学習」を通して、自己の心身の状態を自己評価する力や身体ケアの方法を習得した。 「テーマ学習」を通して、日常の疲れや身体の動かしにくさに気付き、身体ケアの習慣が身に付いた。 生徒Aの主体的な学びを重視した3年間の取組により、生徒A自身による身体ケアのPDCAサイクルが確立できた。小学部からの引き継ぎ、高等部への引き継ぎなど指導のリレーをいかに成し遂げるか課題である。
他教科等との関連	授業に「テーマ学習」を組み込んだことにより、行事や定期考査（各教科）などに見通しをもちながら身体ケアに努めることができた。身体ケアが日常の課題であるとの認識が芽生え、座学が続いた後や文化祭後の状態などに注意が向くようになり、必要な身体ケアを自分で行ったり教師に求めたりできるようになった。

識者コメント

　自立活動の学習で学んだ力が卒業後にも生かされるように、集団での「テーマ学習」と個別の「身体の学習」を往還させ、生徒が主体的に自己評価をしながら学習計画に参加していく様子がよく分かる実践です。自立活動の目標にある知識や技能だけでなく、「態度及び習慣を養う」ということにまで意識の届いた指導になっています。また、身体の学習を通して環境との接点となる自己への意識を高め、身近な生活との関連を相互に図りながら生活で生かせるようにしていく授業づくりの視点は、障害の程度にかかわらず、大いに参考となると考えます。

（杉林　寛仁）

自立活動の部 ｜小学部｜自立活動

17 手を使った活動に意欲的に取り組むための実践
～感覚の活用に焦点をあてた実態把握～

富山県立高志支援学校　教諭　上村　好美

Keywords　①アセスメント　②保有する感覚の活用　③手の操作

1 目的

　対象児童Aは、自立活動を主とする教育課程の小学部2年の女子です。給食場面ではスプーンを握ることができますが、手指の操作性を生かせる場面は限定的で、授業では教師の働きかけに対して怒ったり、物に触れてもすぐに手から放れたりする様子がよく見られました。

　児童Aは、笑ったり、泣いたり、怒ったりと感情が豊かで表出もはっきりしています。なぜ笑ったのか、何が不快だったのかは分かりにくい面もありましたが、見やすい色合いや範囲が、また、聞き取りやすい音や好きな音がそれぞれあるのではないかと感じていました。そこで、児童Aの感覚の活用について、苦手なことや得意なことは何か、感覚をどのように使って周囲の状況を捉えているのかをしっかりと把握することで、児童Aが意欲的に手を使った活動に取り組むために有効な手立てが明らかになるのではないかと考え、本実践に取り組みました。

2 方法

(1) アセスメント

　まず、児童Aの感覚の状態について、行動観察、保護者からの聞き取り、担当の訓練士との情報交換により得られた情報を、視覚・聴覚・触覚に関することに分けて整理しました。そして、広島県立福山特別支援学校教育研究部が発行している「重度・重複障害児のアセスメントチェックリスト－認知・コミュニケーションを中心に－ver.10.0」（2023）を実施し、課題を設定する際の参考としました。このチェックリストは、認知について、「視覚等」「聴覚・言語」「触覚等」などの項目に分かれているため、チェックを付けることで、児童Aの感覚の状態についての新たな視点を得られました。

(2) 手立ての設定

　アセスメントで得られた情報をもとに、まずは、児童Aが受け取りやすい感覚の順序を考察しました。前庭感覚や固有感覚は比較的受容されやすい感覚とされていますが、児童Aにおいても、揺れや回転を伴う遊具遊びで笑顔が多く見られたり、抱きかかえられると手足を教師の体にぎゅっと寄せたりし、これらの刺激を心地良い感覚として十分に受け取っていると考えます。触覚については、自分の足をさすったり、おもちゃが離れたら手を伸ばして探す様子が見られ、視覚や聴覚よりも感覚として受け取りやすいと考えます。視覚と聴覚については、好きな音楽を聞いて笑顔になっ

たり、人の声を聞いて体の動きを止めたりする様子がありますが、手を使うときは触れる前に視線を向ける様子があることから、手を使った場面では視覚の方がやや優位であると考えました。また、児童Aに必要な配慮や手立てについて、情報提示の工夫を「教材」と「支援」に分けて設定しました（図1）。

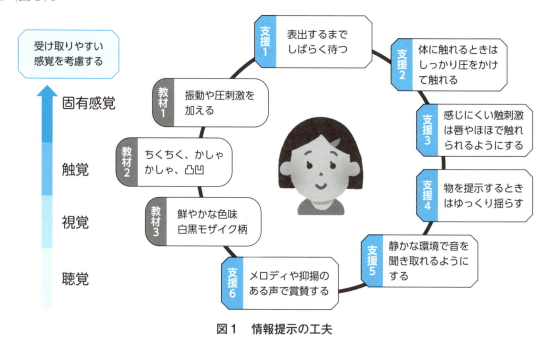

図1　情報提示の工夫

3 実践

　自立活動の時間のうち週1時間の授業において、「物に注目して、手を伸ばして触れたり、引っ張ったりすることができる。」という目標を立て、計15時間実践を行いました。ここでは二つの活動について紹介します。

（1）ボールを使った活動
①教材の工夫
・ボールに触れたことが分かりやすいように、凹凸のあるボールを使用しました。
②支援の工夫
・児童Aが手を伸ばして触れたら教師もボールを下から少し持ち上げるようにし、振動や圧が加わるようにしました。
・児童Aにボールを触れさせるときには、「来るよ、来るよ。」や「来た、来た〜。」などと抑揚のある言葉掛けを行いました。
・振動や圧を加える場面では、児童Aからの表出があるまで支援を続けました。
③児童Aの様子
・はじめは、体にボールが当たっても気にする様子はなく、表情やしぐさに変化は見られませんでした（図2）。しかし、ボールを当て続け、ボールを小刻みに動かして振動を感じられるように、支援を続けました。しばらくすると、手を伸ばしてボールをつかむことができました（図3）。

17 手を使った活動に意欲的に取り組むための実践

図2　体にボールを触れさせる場面

図3　ボールに手を伸ばす場面

そのときも教師は手を放さず、反対側からボールを押し、児童Aの手のひらに圧を加え続けました。しばらくすると児童Aは笑顔になり、勢いよくボールを押し出して投げることができました（図4）。

・この活動を繰り返すことで、ボールが当たるだけで笑顔になる様子が見られるようになりました。

図4　ボールを押し出す場面

（2）漏斗から布を引っ張りとる活動
①教材の工夫（図5）

・手元を見ることを促すために、児童Aが好んで見続ける白黒の細かい柄のバンダナと、格子柄に似た防風網を使用しました。
・柄が見えるように、透明の漏斗を使用しました。
・引っ張ったときに少し抵抗を感じられるように、結び目を作りました。また、引っ張ったことで布が揺れるように、たるみを作りました。

図5　漏斗を逆さにし、先からバンダナを少し出したもの

②支援の工夫

・教材に注目できるように、四角いケースからバンダナを少し出した状態で、目の前でゆっくりと動かして提示しました。

③児童Aの様子

・布を入れた四角いケースをゆっくりゆらすと、手を伸ばして引っ張りとろうとしました。しかし、結び目が大きすぎて引っ張りにくく、すぐにあきらめて放してしまいました。結び目を小さくし、ケースを出口が細くなる形状の漏斗に変えて使用することで、児童Aにとってちょうど良い抵抗感となり、途中で何度か手を放しながらも、布が全部出てくるまで繰り返し引っ張る様子が見られました。

113

4 成果・課題

（1）成果

- 感覚の状態について丁寧にアセスメントすることで、児童Aにとって分かりやすい情報提示の仕方は、圧をかけて触れること、見やすい物をゆっくりと動かすこと、静かな環境で、抑揚のある言葉掛けを行うことだと考察することができました。
- 児童Aは、以前はボールを使った活動で気持ちが不安定になりやすく、ボールに触れさせようとすると怒ってなかなか活動に取り組めない様子がありましたが、考察したことをもとに教材や支援の工夫を行ったことで、ボールを使った活動にも意欲的に取り組むことができ、笑顔も見られるようになりました。
- 活動中に気持ちが不安定になることはまだありますが、図1で設定した工夫の中からすぐに対応方法を考えることができるようになりました。
- 他の教科等の授業においても、図画工作で使用する紙を白黒のモザイク柄や網目模様のものにする、日常生活の指導で使用するカードに強力マグネットを付け、ホワイトボードに付いた感覚を分かりやすくするなど、図1の教材や支援の工夫を取り入れることで、意欲的に手を使う場面が増えてきました。

（2）課題と今後の展望

- 実践と評価、改善のサイクルを重ね、より有効な情報提示や支援方法を探る必要があると考えています。
- 今回の実践は、図1に動画を交えたものを資料として作成し、教師間で共有できるようにしました。児童Aの実態について教師間で情報共有するために、どのような方法が有効なのか、ツールの工夫や改善をしたいと考えています。

5 まとめ

　本実践では、児童Aが意欲的に活動する場面を増やすためには、保護者や訓練士など様々な立場で児童Aに関わる人と連携しながら丁寧な実態把握を行うこと、指導の手立てを考えるときに、児童Aの受け取りやすい感覚に応じた支援や教材の工夫について十分考慮することが必要であると分かりました。私はこれまで、「音楽が好きなんだな。」「触れられるのを嫌がるから過敏さがあるのかな。」など、児童Aの見えやすい特性ばかりにとらわれていたことに気付かされました。それは、認知の発達に関する意識が希薄だったからだと思います。今後、児童Aの認知の発達段階を意識して関わることで、コミュニケーションや身体の動きを含めた全般的な発達を促せるように支援していきたいと考えています。

●参考文献
広島県立福山特別支援学校教育研究部（2023）重度・重複障害児のアセスメントチェックリスト－認知・コミュニケーションを中心に－ ver.10.0

授業力向上シート 自立活動の部

富山県立高志支援学校　教諭　上村　好美

対象学部・学年	小学部・2年	教育課程	自立活動を主とする課程

個別の目標に迫る自立活動の内容

区分・項目	環境の把握　（1）保有する感覚の活用に関すること 身体の動き　（5）作業に必要な動作と円滑な遂行に関すること 心理的な安定　（1）情緒の安定に関すること
内容設定の手続き	保有する感覚を活用し、物やその因果関係を把握することで、主体的に手を使う場面を増やしていきたいと考え、物に注目しながら操作する学習を取り上げることとした。また、様々な学習場面に必要な動作を習得し、物の因果関係を理解して見通しをもって活動に取り組んだり、周囲から称賛されたりすることで、情緒の安定を図りたいと考えた。そこで、指導内容として、活動の終わりが分かりやすく、できた実感が明確にもてる「ボールを転がす活動」と、「布を引っ張りとる活動」を設定した。

単元名	集団の人数	指導時数
物に注目して、つかんだり、引っ張ったりしよう	1名	15時間

単元の目標	物に注目して、手を伸ばしてつかんだり、引っ張ったりすることができる。
方法	・児童Aの感覚の状態について、行動観察等で情報収集をし、「視覚」「聴覚」「触覚」に分けて整理した。また、アセスメントツールを使って、自立活動の目標を設定した。 ・児童Aにとって分かりやすい情報提示は何かを整理し、有効な手立てを考察した。
成果・課題	・児童Aの感覚の状態について丁寧にアセスメントすることで、児童Aにとって分かりやすい情報提示の仕方を考察することができた。 ・以前は手の操作性を生かせる場面が限定的で、授業中教師からの関わりに気持ちが不安定になりやすかったが、アセスメント結果をもとに教材と支援の工夫を行うことで、手を使った活動に意欲的に取り組む様子が見られるようになった。
他教科等との関連	児童Aの感覚の活用についてのアセスメント結果をもとに考察した教材と支援の工夫を、図画工作や日常生活の指導など教科等の授業でも取り入れた。

識者コメント

　障害の重い子どもの指導の糸口はなかなか見つけにくいものですが、上村先生は、子どもの感覚の活用状況を丁寧に捉えることによって手掛かりをつかんでいます。その際、福山特別支援学校が開発したチェックリストを活用していますが、先行する研究や実践を踏まえる点、得られた情報を子ども理解のために生かし指導を工夫している点などが参考になります。障害の重い子どもの教育を追求する教師間、学校間の連携に期待しています。　　　　　　（下山　直人）

自立活動の部 | 高等部 | 自立活動

18 本人の願い「自分で決めたい」を形に
~タブレット端末を活用して~

静岡県立中央特別支援学校　教諭　高木　美保子

Keywords　①見せる　②ICTの活用　③気持ちを表出する手段

1 背景と目的

対象生徒Aは小学校1年生で脳症をおい、特別支援学校に中学部3年生まで通学していましたが、高等部より1回2時間、週2から3回の訪問教育に教育形態を変更し、学習を行っています。

自分で顔の向きは変えられませんが、視線の先である左斜め上に教師が実物を順番に提示し、まばたきを2回したときを『YES』としてやりとりをすることで、選ぶことができます。しかし、通常のまばたきとの区別が難しく、何度も尋ねると疲れて曖昧になることがありました。

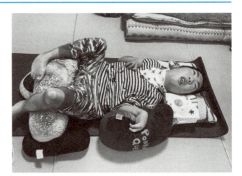

臥位姿勢の生徒A

四肢の強直は強いですが、生徒Aの左手に母親の右中指を握らせ、母親の左手のひら上で一画ずつ書いた線を母親が平仮名として組み立てて単語にする（以下「指文字」）、ということが母親とできていました。教師も母親と同じ方法で取り組み始めましたが、書き順が正しくなかったり、どこで一文字書き終わったのかが分かりづらかったり、今書いている文字に集中しすぎて直前に書いた文字を教師が忘れてしまったりすることが多くありました。選択肢がある中で書く場合は一画目の動きで予測ができるのですが、ない場合はお互いにかなりの労力を必要としました。

そこで、手のひらではなくタブレット端末に文字を書き、その画面をミラーリングで提示することを生徒Aと保護者に提案し、試みました。そうすることで、生徒Aも、一緒に書いている教師も、それを見ている周りの人も、書いている文字を即時に共有できるようになりました。そしてなにより、指文字に取り組んでいるときの生徒Aの表情がとてもよく、伝わることの喜びが感じられました。どの教師とでも書けるわけではないことが課題ではありますが、2画目をどこから書き出すのか、複数の文字を書く場合はタブレット端末のどの位置から書き始めるのか等を考えて微調整をするようになってきました。

指文字タブレット（初期）

18 本人の願い「自分で決めたい」を形に

そこで、学年末のこの学習では、自分で全部決めたい、聞かれたことに指文字で書いて答えたい、という生徒Aの思いを受け、垂れ幕に書くメッセージを自分で考えることから始め、自分が使える表出手段を使いながら自分で決めて作り上げる学習を取り入れることにしました。

2 実践「卒業生にメッセージを送ろう」

(1) 目標
- 完成イメージをもっている生徒が、表出手段を活かして、自分の意図をより的確に相手に伝える方法を身に付けることができる。

(2) 活動内容、支援

活動内容	支援のポイント
メッセージを考えて書く	・生徒Aの書く手元の画面が生徒Aの視線の先に映るようにする。 ・生徒Aの左手のひらに教師の右手中指を挟み、指先がタブレット端末の画面に当たるようにすることで、生徒Aの左腕の動きが教師の指先を通して画面に線で反映できるようにする。
筆で書く	・ミラーリングで行う。 ・事前に肩回りの体操を行う。 ・障子紙の大きさを生徒Aが動かせる可動域いっぱいにすることで腕を大きく動かせるようにする。 毛筆
台紙の色選び	・空気圧スイッチと音声スイッチの両方を使用し、空気圧スイッチを左手に持たせ、力が少しでも入って圧がかかると「それにする。」の音声が流れる設定にしておく。 ・垂れ幕の台紙に使う模造紙の色を目の前で一度に4枚全部見せた後、順番に「これ？」と聞きながら1枚ずつ提示する。
レイアウト決め	・床に台紙を置き、ミラーリングで全体が見えるようにする。 ・台紙の上で文字を書いた紙を上からゆっくり動かし、まばたきを2回したところで止めることを伝える。
垂れ幕を引っ張る	・目の前で垂れ幕が出るように配置する。 ・洗濯ばさみやクリップの強さ、ひもの長さ等を調整し、数分以内に自分一人で引っ張って出せるようにする。
友達との動画交換	・垂れ幕の作成の他、コーヒーフィルターに絵の具で色を塗ったり、イラストとして描いたりして作った花束を、垂れ幕の周りに自分でレイアウトし、その垂れ幕を引っ張った動画を撮影して同じ訪問籍の卒業生に見せたり、本校の卒業生に向けて掲示したりする。卒業生からありがとうの動画をもらい、一緒に見る。 校内掲示

117

3 成果・まとめ

（1）見える環境を設定すること

　重症児の場合、注視や追視する力があっても、緊張が強かったり、とれる姿勢が限られていたりして、視線を自分の手に向けて学習できるケースは少ないです。素材を目の前で見せたあと、手に触れさせて学習を進めていくことが多いのではないでしょうか。しかし、見る力がある生徒であれば、ミラーリングやZoomなどのICTを利用し、自分の手元を見ることができるように環境を整えることで、なんとなく、から意識して考えて動かす力につなげていくことができます。手元を見せるだけでなく、垂れ幕全体を見せてその中で貼る位置を決める、花束に使う花8本を全部見せてからどの花から構成していくか選べるようにする等、タブレット端末という眼球をそれほど動かさなくても見える範囲で全体を見せることができます。重症児こそ、ICTを活用していくことが大切だと思いました。

（2）タブレット端末での書字

　生徒Aは中途障害のため文字の学習を行うことができました。障害をおう前に覚えていた平仮名を使って学習することができるようになるとは、出会ったときには思いもしませんでした。どの子にも可能性がある、成長する力がある、とよく言われる言葉を実感した事例でした。

　今回、垂れ幕に書く文字を教師は「そつぎょうおめでとう」と予想していましたが、生徒Aが書いた1文字目は「こ」でした。「そ」の斜め線を教師が読み取れなかった可能性もあると考え、もう一度書いてもらい、あえて「そ」になるように斜め線を書く

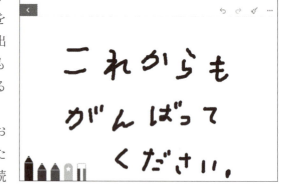

タブレット端末に書いた文字
（スクリーンショットしたもの）

と、左腕にぐっと力を入れて動かさずに『違う』とはっきり教師に伝えることができました。

　書いた文字をスクリーンショットで残し、印刷することで、校内の掲示に使ったり友達に見せたりすることができます。手のひらに書いていたときは、よくわからない、もう一回やって、となることが多かったのですが、タブレット端末にしたことで、その場で同じものを見て、やりとりしながら伝え合うことができるようになりました。〇〇とき、どんなふうに思っていたのかを聞くと文字で書いて教えてくれることもありました。家でも書いて伝えるためのタブレット端末を購入し、「りんごじゅーすがのみたい。」と母親に一緒に書いて伝えたことを嬉しそうに報告してくれました。大人が用意した選択肢にないものでも、書いてすぐに伝えることができるようになり、生活がより豊かになったと思われます。

（3）表出手段を増やすこと

　まばたきで返事をすることはとても疲れます。伝える力をもっていても生理的な現象でもあるため、使う場面をしぼることが大切でした。きちんとやりたい性格なので、レイアウトを決める場面で「そこ」を伝えるために使ってもらうようにすると、あいまいなまばたきをすることはなく、絶

対まばたきしないという気持ちが伝わってくるように目を見開いている場面と、はっきりと２回まばたきをする場面が見られました。

　これまではボタンスイッチを教師が生徒Ａの手の近くで持って使っていましたが、意図的に手に力を入れて握ることができることから空気圧スイッチを使ってみました。大人の介助なく一人で押すことができるものを選ぶことは生徒Ａの自信につながります。音声スイッチと組み合わせることで、言葉掛けに対してタイミングよく押して答える場面を増やし、まばたきに代わっていく手段の一つになっていくとよいと思います。

　自立活動（６区分27項目）の「４　環境の把握の（1）保有する感覚の活用に関すること」を踏まえ、視線の先に画面を設置し、介助者と一緒に生徒Ａの力を感じてタブレット端末に文字を書く、という工夫を行ったことで、生徒Ａの気持ちを的確に表現することにつながり、達成感が得られる活動となりました。「６　コミュニケーションの（2）言語の受容と表出」を踏まえた取組では、本当の自分の考えを伝えられたり、「(4)コミュニケーション手段の選択と活用に関すること」や「(5)状況に応じたコミュニケーションに関すること」を踏まえた取組では、まばたきの他、空気圧スイッチなどの機器を使用することで、状況に応じた円滑なコミュニケーションを図ることが可能となったりと、複数の大きな成果が得られました。これらのことから、学習指導要領の自立活動（６区分27項目）の内容を踏まえ、対象児童生徒の自立活動の目標達成に迫る指導に取り組むことで、学習効果がより高められること、そして、自立活動（６区分27項目）の内容を踏まえることの重要性を再認識できました。

授業力向上シート 自立活動の部

静岡県立中央特別支援学校　教諭　高木　美保子

対象学部・学年	高等部・訪問教育在宅・2年	教育課程	自立活動を主とする課程

個別の目標に迫る自立活動の内容

区分・項目	コミュニケーション　(2) 言語の受容と表出に関すること 　　　　　　　　　　 (4) コミュニケーション手段の選択と活用に関すること 環境の把握　　　　 (2) 感覚や認知の特性についての理解と対応に関すること
内容設定の手続き	・視線の先に画面を設置し、自分がイメージして考えた言葉を介助者に正しく伝わるように書く。 ・円滑なコミュニケーションがとれるように、まばたきやスイッチを使ったやりとりの成功体験を増やす。

単元名	集団の人数	指導時数
卒業生にメッセージを送ろう	訪問教育在宅生は3名、施設入所生3名、それぞれ個別に学習	8時間

単元の目標	・完成イメージをもっている生徒が、表出手段を活かして、自分の意図をより的確に相手に伝える方法を身に付けることができる。
方法	・左斜め上に自分の手元が見えるようにタブレット端末を設置し、ミラーリングをしながら手元のタブレット端末に教師の手を動かして自分が考えたメッセージを「指文字」で書いて伝える。 ・2回まばたきをしたときを『そこ』『YES』の気持ちとしてやりとりし、文字を貼る位置等を決める。
成果・課題	・見える環境を設定することで、「指文字」では文字の違いにすぐに気付き『違う』と伝えたり、まばたきで貼りたい位置をピンポイントで伝えたりすることができた。 ・使えるスイッチを広げていくことでまばたき以外の表出手段を増やしていきたい。
他教科等との関連	・制作した垂れ幕などを同じ在宅の卒業生に動画で送り、お礼の動画をもらったり、本校の卒業生や教員にも見てもらえるように掲示したりした。コメントをもらえると満足そうな表情をしていた。 ・家でもタブレット端末やスイッチを購入し、「指文字」で伝えたりスイッチで依頼したりしている。

識者コメント

　限られた支援者しか理解できないコミュニケーション手法から、タブレット端末を活用したより多くの人々に伝わるコミュニケーション手法の獲得と併せて生徒Aの伝えたい内容や意欲も育てていく事例となっています。「そ」ではなく「こ」と生徒Aがはっきりと伝えたエピソードが印象的です。文字が画面に残るため、印刷して校内に掲示したり、やりとりして伝え合うことできるようになったのはICTの特性を生かした取組といえます。卒後に向けてより介助が少なく、より多くの人に伝わるような手法の改善を続けていくことが望まれます。

（織田　晃嘉）

自立活動の部 ｜ 高等部 ｜ 自立活動

19 少し先の育ちを見通した学びに向かう力を育む指導の工夫
～「活動の終わり」の理解に着目して～

島根県立江津清和養護学校　教諭　桑野　健次・塩塚　恵太

Keywords ①「終点の理解」　②「初期発達系統表」の活用

1 背景と目的

（1）少し先の育ちを見通した指導の目的

　一人一人の障害の状態が極めて多様であり、発達の諸側面にも不均衡が大きい重度・重複障害児にとって、自立活動の指導は特に重要な役割を担っています。特別支援学校学習指導要領解説 自立活動編では、児童生徒の実態を的確に把握して個別の指導計画を作成することに加え、指導において一定の専門的な知識や技能の必要性が示されています（文部科学省，2018）。専門性を担保するツールとしては、心理・発達検査の活用が考えられますが、重度・重複障害児の多くが運動面の制約や健康面、感覚面の問題を有していることから、正確な実施や解釈が難しいのが現状です。これらの課題に関連して池畑は、「目の前の行動の発達的背景や少し先の育ちを見通すことができないならば、指導者の目は子どもの課題やできなさばかりに向けられ、（中略）現状対処型の指導におちいるであろう」（池畑，2020）と述べ、発達のつまずきやステップを把握することの重要性を示しています。

　本校の自立活動は、本校様式の「自立活動マニュアル：目標と内容の選定」（図1）の流れに沿って、個々の児童生徒の実態に応じた目標、内容の選定を行っています。この手続きに併せて、本ケースでは、筆者作成の初期発達系統表（図2：塩塚，2024）を活用し、発達のつまずきにある背景の理解や、初期発達のステップを踏まえた指導につなげています。認知発達の特性を踏まえ、少し先の育ちを見通した指導を行うことで、目の前の児童生徒に今必要な学びを捉えて、自立活動の指導をより系統的なものにし、より確かな指導を行っていきます。

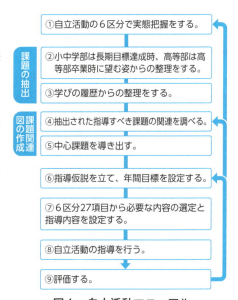

図1　自立活動マニュアル

2 実践例

（1）生徒Aの実態と指導の仮説

　対象は知的代替の教育課程を履修する高等部1年の男子生徒Aです。運動機能障害と知的障害を

併せ有しており、日常生活において介助を必要とし、自立活動の時間では個別の学習を行っています。年度当初は、様々な学習場面において、集中して取り組める時間が短く、集中が続かずに椅子から降りてしまう様子や、提示された教材を机に打ちつけたり回したりする様子（始点の繰り返しによる循環的自己刺激的行動）、新しいもの・ことに対し抵抗感を示す様子、コミュニケーション面における一方通行的なやりとりの様子、教師からの働きかけなしに行動を終わらせにくい様子などが多く見られていました。これらの課題を踏まえ、初期発達系統表（塩塚，2024）を補助資料とし、今の生徒Aに必要な自立活動の学びについて、発達面から課題の捉え直しを行いました。その中で、予想されるつまずきの姿や考えられる発達の困難さから、終点の理解（活動に対する達成の確認）が十分に進んでいないことが課題の主因ではないかと捉えました。

終点の理解が進み、簡単な見通し・予測（因果関係）をもてるようになることで、前述の課題改善につながると考えました。課題改善に向けた取組は、その日、そのとき、その瞬間の学びを積み上げていくための土台を形作っていく助けとなり、各教科等で育成を目指す資質・能力を育んでいくための基盤となると考えています。

そして、将来様々な人たちとの関わりの中で生活をしていく生徒Aにとって、自分の力を最大限発揮しながら、よりよく社会と関わり、よりよく生きていこうとする姿につながると捉えています。

段階（月齢のめやす）	全体像	感覚の処理	姿勢・運動	表出	予想されるつまずきの姿	考えられる発達の困難
Ⅲ段階 4～6ヶ月 感覚と運動の繋がりはじめ 三項関係への移行	○人との快の関わりを繰り返す中で、快体験が記憶に残り、快を求める力が生まれる。人に対する愛着や快となる活動に対する予期・期待ができる。 ○要求をかなえてもらう喜びや、妨げられる悲しさ、興味のあるものが現れた驚き等、感情の分化が進む。 ○物に対する反応と人間に対する反応の区別や、相手の視線が自分を見ているのかの区別といった社会的随伴性の気づきが起こる。	・感覚と運動がつながり始める（動作後に感覚に気づく） ・口で物を確かめる（視覚よりも分かりやすい） ・聞き慣れた音の認知が進み、声をかけた相手を意図的に見る （聴覚と運動の協応） ・見比べながら自分で確認して選ぶようになる（焦点視の明確化）	・立ち直り反応の発達による姿勢制御が見られるようになる（一定時間はまだ難しい） ・触る→ひっかく→叩く→つかむの順に操作的な運動が自発する ・つかみ方は、拇指を使わない握り込み把握から、拇指が他の指と並行に動くハンド把握へと移行する ・目と手の協応の発達による対象との空間距離知覚が高まる	・快な状態を得ようとする何らかの表出が見られるようになる ・気に入った行動を続けようとする ・意図性のある身振りや表情、発声が見られるようになる ・大人とのやりとりの枠組みの芽生え（要求をかなえてくれる存在への気づき） ・予測的な視線の移動が盛んになり、物を見た後で相手を見る（三項関係の芽生え）	・初期感覚の自己循環刺激にこだわり、視覚や聴覚を使おうとしない ・大人の伝達意図の理解が難しい ・始点終点の意識が芽生えるが、終点の理解はまだ難しい ・行動範囲や行動による予測範囲がまだ十分でない ・優位だが未統合の感覚（視覚・聴覚）に振り回されやすい	・触覚過敏→手を使う機会の減少→外界探索活動の減少→行為と結果の因果関係理解が進みにくい ・記憶に残りにくい→期待反応の表出や因果関係の理解に結びつきにくい ・運動機能障害→視覚の活用、リーチング（目の前にある物に手を伸ばして触る）が難しい ・運動機能障害＋視覚障害→物との二項関係が成立しにくい
Ⅳ段階 7～9ヶ月 目や耳を使って遠くの情報に関わろうとし始める 三項関係の成立	○寝返りやずり這い等の移動能力や座位姿勢等の姿勢保持能力の高まりによって、見る範囲が広がり、それに伴って興味関心が拡大する。そのことで、快を求めて探索したり、要求したりするようになる。 ○視覚や聴覚を使って遠くの情報に関わろうとし始める。 ○大人が指差した物を見つけることができる。 ○支援者と物で遊ぶことを通して、他者の意図に気づいたり、物の名前と見た目を一致させ、言葉の理解が育まれたりする。	・様々な感覚（運動感覚、聴覚、視覚）を使った始点終点の理解と簡単な弁別が進む ・視覚と運動が繋がり、運動の終わりの確認や、縦横の二次元空間の意識が生まれる（視覚弁別） ・聴覚と運動が繋がり、人の声の聞き分けや音楽の聴き分けが進む	・目的に向かって行動を起こし、達成を確認するようになる ・手の操作性が発達し、すべらす、押し続ける、道具を使って打つ、入れる、はめる動きが見られる ・つかみ方は、拇指が対向する手掌握りに移行する ・肩→肘→手関節の順で安定性が増し、拇指対向のコントロールが向上する	・新奇な物（オモチャ等）に興味を示し、触って感触を確かめたり、操作して結果を確かめたりする ・身振りや発声で意図や要求を伝えようとする ・2つの感覚を使って意図を伝えようとする。（ex: 視線＋身振り） ・大人と同じ対象物を見つめ、共有する（共同注意）→三項関係成立へ	・終点の確認ができずにいると、自己刺激的な始点の繰り返しになってしまう ・二分的世界の形成により、はじめてに対する心理的抵抗が起こる ・外界を予測することが難しいために情緒不安定になりやすい（嫌な時に泣く、気持ちが高まりすぎる等）	・物との二項関係が自己刺激となっている→三項関係が成立しにくい ・不快刺激に対する過敏反応→こだわり（二分的世界）の固定化 ・受容的な傾向→要求行動が出にくい ・運動機能障害→視覚の活用、探索、物の永続性の理解が難しい ・上肢機能障害→指差しが出にくい ・視覚障害→他者意図への気づき、言葉の理解、人との物を介した遊びや要求につながりにくい

：到達済み段階
：課題段階

発達のつまずき
・自己刺激的な視点の繰り返し
・情緒不安定
・三項関係の成立しにくさ
・要求行動の出にくさ
・言葉の理解や要求のつながりにくさ

主因
終点の理解

図２　初期発達系統表（一部改変）

（２）指導目標

1）好きな課題や興味のある課題に取り組む中で、課題が終わったことに注意を向けて次の活動に向かったり、教師に向かって表出したりする。
2）自分の行為とその結果との因果的な関連を意識し、教材を最後まで持ち続けて課題を終わらせる。

19 少し先の育ちを見通した学びに向かう力を育む指導の工夫

(3) 主な指導内容

> 「活動の終わり」が音や感触で分かりやすい課題に取り組み、「終点」を意識できやすくする。

①電池入れ
重さのある電池を使うことで、電池から手を離したことを固有覚で把握しやすい。また、ケースに入った際の振動や音によって、一つの動きが終わったことを認識しやすい。入れた後に取ることができないので、全て入れ終わったら活動が終わることも意識しやすい。【運動・聴覚終点】

②縦横スライド
逆L字型の金具に通した筒を上下左右にスライドさせて抜き取る課題で、2つの異なる動きを正しい手順で動かして、終わりに向かう意識を高める。1方向の動きに比べて、より高い記憶や見通しが求められるため、スモールステップで進めていく。【運動・視覚終点】

③木の玉抜き入れ
始点の動きと終点の動きが異なる課題で、他と比べて複雑な予測と操作が必要となる。引き抜いた木の玉は、一つずつ容器に入れることを目指す。容器の底には呼び出し鈴を仕込んでいるので聴覚でも終点が理解できるようになっている。【運動・聴覚・視覚終点】

図3 認知の特性を踏まえた自作教材例

(4) 指導の工夫

　少し先の育ちを見通した指導の工夫として、終点の理解（①運動感覚による始点と終点、②聴覚による始点と終点、③視覚による始点と終点、④人との関係性の始点と終点）を進めるための指導の工夫を行いました。終点が自然に意識できるように、自分が動きを止めることで終わるものや、好きな活動の終わりを教師からの指示ではなく、タイマー等を使って視覚や聴覚で終わりが自分で把握できるようにする指導の工夫を行っています。また、関わりについては、教師からの一方的な指示で活動を完結させるのではなく、小さな見通しのあるやりとり（何をしたら活動の終わりなのか、終わりの合図は何なのか、終わったら次は何をするか等を活動毎に確認するやりとり）を学習中に設定したり、生徒Aの表出を待ったり引き出したりする工夫を行いました。

写真1　入れると音が鳴る因果的な関連を意識し、教材に取り組む様子

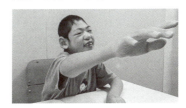

写真2　次の活動に向け、教師へ表出する様子

3 成果と課題

(1) 成果

> 1) 課題一つ一つの操作の達成を音や感触、見た目の変化等で確認して次の活動へと自分から進むことがほぼ確実になった。
> 2) 持っている物を机に打ちつける循環的自己刺激的行動がほとんど見られなくなった。健康観察や配布物を持って移動する場面では、途中で落とすことなく、最後まで持ち続けて教師に渡すようになってきた。

　生徒Aの実態に即した課題を提供することで、一つ一つの活動の区切りに対する意識が高まり、そのことが1日の学校生活に対する見通しや生活における因果的な関連の把握につながるようになりました。また、生徒Aの表出がより具体的で伝わりやすいものになり、やりとりが成立して自身

の要求や希望が叶えられると、活動への集中が高まり、少し難しい課題に向かう粘り強さが出るといった好循環が生まれてきています。生徒Aの変容を観察すると、終点の理解が高まったことで、過敏性があっても見慣れないものに触れたり、揺れ遊具に自分からチャレンジしたりする姿や、物事ややりとりの因果関係を把握する力の高まりが確認できました。変容は他の生活場面でも見られるようになり、新しいことや慣れないことにも落ち着いて取り組めるようになっています。

「少し先の育ちを見通した指導の工夫」によって得られた視点は、すべての教育活動における配慮事項として教職員間で共通理解を図り、学びの状況、環境を整えることにつながりました。教材に集中できる環境の設定や感覚的に分かりやすい授業の開始・終了の合図、簡単な見通しの共有といった配慮事項を通して、より主体的・体験的な学習活動へとつながり、学びの広がりを見せています。

そして、自立活動で培った「学びに向かう力」は、各教科の学びにおいて、それぞれの題材をじっくりと受け止め、様々に考えを巡らし、自分なりの表現方法で表すといった学びと向き合う姿につながり、学びの深まりを見せています。

写真3　過敏性があるが、自ら育てた野菜を自ら収穫する様子

（2）課題と今後の展望

少し先の育ちを見通した学びに向かう力を育む指導の工夫として、終点の理解に焦点を当てた指導を行うことで変容が見られた一方で、視覚を使った終点の理解に課題が残ることも明らかになりました。取り組む課題の見通しがもてたことで、視覚に頼らずに触覚と聴覚を頼りに課題を終わらせる場面がたびたび見られました。視覚による終点理解を深めていくことは、手の操作性の向上を助け、より能動的に学ぶ姿が引き出されることや、因果関係の理解が進みやすくなり、目的をもった行動が引き出される助けともなると考えています。そこで今後は、視覚を使わなくては終点まで辿りつけないように課題の難易度や支援の重点を調整・試行し、視覚の終点理解が促されるよう指導の工夫を行っていきたいと考えています。

また、教科指導と自立活動との関連について、自立活動の指導内容や自立活動で培った力が教科学習の下支えとなるよう、校内研究における知的教科の授業づくりを通して、教科と自立活動の目標を整理し、関連付けを行っています。教科の特質を感じ取り、よりよく思考・判断・表現する力を発揮し、児童生徒が様々に学ぶ姿を引き出すための研究を進めています。その先には、学ぶ喜びを全身で感じ取り、卒業後も学び続ける児童生徒の姿が見られるのではないかと考えています。

少し先の育ちを見通した学びに向かう力を育む指導の工夫を行うことで、自立活動の授業づくりにおける根拠が明確になり、現状対処型の指導とならない確かな指導・発達の特性を踏まえた系統的な指導へとつなげることができました。今後も、生徒の生活や成長の展望を見据えながら、よりよく生きていこうとする自立活動の指導と将来の生活を見据えた力の育成へとつながるように、生徒にとって今必要な学びを様々な視点から検討していきたいと思います。

●引用・参考文献
池畑美恵子（2020）『感覚と運動の高次化理論からみた発達支援の展開』学苑社
塩塚恵太（2024）『重度・重複障がい児の系統的な自立活動の指導をめざした補助資料の開発－初期発達のステップや予想される発達のつまずきに着目して－』島根大学教職大学院学校教育実践研究成果報告書
文部科学省（2018）『特別支援学校学習指導要領解説 自立活動編（幼稚部・小学部・中学部）』開隆堂出版

授業力向上シート 自立活動の部

島根県立江津清和養護学校　教諭　桑野　健次・塩塚　恵太

対象学部・学年	高等部・1年	教育課程	知的代替の課程

個別の目標に迫る自立活動の内容

区分・項目	人間関係の形成　　（1）他者とのかかわりの基礎に関すること 環境の把握　　　　（1）保有する感覚の活用に関すること コミュニケーション（1）コミュニケーションの基礎的能力に関すること
内容設定の手続き	項目を関連付けた指導内容：所定の場所に教材がはまったことを、音や感触で確認したり、対象の場所・形状・動きを目で見て捉えたりしながら活動を終わらせる。活動の区切りへの希望や要望をジェスチャー等で伝える。

単元名	集団の人数	指導時数
ほっぷ、すてっぷ、課題ちゃれんじ！	1名	35時間

単元の目標	1）好きな課題や興味のある課題に取り組む中で、課題が終わったことに注意を向けて次の活動に向かったり、教師に向かって表出したりする。 2）自分の行為とその結果との因果的な関連を意識し、教材を最後まで持ち続けて課題を終わらせる。
方法	「活動の終わり」が音や感触で分かりやすい課題に取り組み、「終点」を意識できやすくする。 また、少し先の育ちを見通した指導の工夫として、終点の理解（①運動感覚による始点と終点、②聴覚による始点と終点、③視覚による始点と終点、④人との関係性の始点と終点）を進めるための指導の工夫を行う。
成果・課題	1）課題一つ一つの操作の達成を音や感触、見た目の変化等で確認して次の活動へと自分から進むことがほぼ確実になった。 2）持っている物を机に打ちつける循環的自己刺激的行動がほとんど見られなくなった。
他教科等との関連	学習上の困難さに対する配慮事項として、自立活動の指導内容を他教科の指導に関連させている。

識者コメント

　桑野先生と塩塚先生は、生徒が学習や生活場面で見せる集中力の短さや教材を適切に扱えない状態を、「終点の理解」ができていない認知の問題と捉え、生徒の認知の特性を捉えた教材を工夫して指導にあたり、発達や各教科等の学習基盤を作ることに成功しています。行動の背景に認知の問題があるという認識、認知の特性を捉えるために理論に学びつつ対象に活用できるよう「発達系統表」を作成している点など、大いに参考になる実践です。　　　　　（下山　直人）

自立活動の部 ｜小学部｜自立活動

20 姿勢の保持・肘ばいから「かく」ことにつなぐ
～時間における指導での学びを各教科に生かす～

長崎県立諫早東特別支援学校　教諭　大町　美緒

Keywords　①目標設定　②医療との連携　③教科との関連

1 目的

　対象児童Aは小学部1年生で、二分脊椎症により下肢の感覚がなく痛みを感じません。後弯があり、医療的ケアを要する児童です。上肢は意図的に動かすことができ、可動域に制限はありません。
　手術や入院を経て本校に入学した児童Aが楽しく元気に学校生活を送り、学びを積み重ねてほしい。そのためには学びの基盤となる自立活動の指導を充実させることが不可欠であると考え、身体の動きの姿勢と運動・動作の基本的技能に関することを中心に他の項目と関連付け、「できる・うれしい・またやりたい」と思える指導内容を設定することにしました。

2 方法

　本校研究で作成したⅡ・Ⅲ課程（知的障害特別支援学校の各教科の目標・内容を取り扱う教育課程）学習内容表を用いて実態把握を行うことで最近接領域の課題を明らかにし、自立活動の目標設定シートの手順に沿って指導目標を設定しました。
　本校は長崎県立こども医療福祉センター（以下、センター）に隣接しており、自立活動の時間にセンターのPT・OT・STなどの先生からアドバイスをもらえる「TOPPSS」があります。そのアドバイスやセンターにおけるPT・OT訓練見学を参考に指導内容や手立てを設定しました。

県立こども医療福祉センター等との連携

カンファレンス	TOPPSS	諫早東特別支援学校	交流及び共同学習（居住地校交流）
治療方針、手術の経過、退院の目安等について確認	自立活動の時間にセンターのPT、OT、ST等の先生からアドバイスをもらって指導	ケース会議・進路ケース会議　○今後の治療・指導方針の共通理解　○転出後の対応等の確認　○進路希望、学校生活での配慮事項の確認	○保護者・本人の希望で実施　○通学生は年3回程度　○センター入所生は、必要に応じて転出前に実施
センター学校連絡会　転出入、行事の確認		県立こども医療福祉センター	前籍校居住地校

　なお、児童Aが学ぶ教育課程の時数配分は以下に示すとおりで、自立活動の時間の指導は週6時間あります。

20 姿勢の保持・肘ばいから「かく」ことにつなぐ

小学部Ⅱ課程　第1学年（2・3段階）

各教科							特別の教科道徳	外国語活動	特別活動	自立活動	総授業数
生活	国語	算数	音楽	図画工作	体育						
314	68	68	68	34	34	26	0	34	204	850

3 実践

　健康を維持し生活の質を向上するためには、抗重力姿勢をとって筋力をつけることが不可欠で、そのために安定したあぐら座位がとれることや安全に腕の力ではって移動する力を身に付けることが大切です。例えば、背もたれがある椅子がなくても床で安定したあぐら座位を保持できれば、活動の幅が広がり入浴などの介助が行いやすく生活の質が向上します。そこで年間目標を「あぐら座位で身体が傾いたときに立ち直ったり、手のひらを着いて支えたりすることができる。」としました。以下、目標設定シートの一部を抜粋します。

指導目標を達成するために必要な項目の選定	①　⑤を達成するために必要な項目を選定する段階					
^	健康の保持	心理的な安定	人間関係の形成	環境の把握	身体の動き	コミュニケーション
^	(3)身体各部の状態の理解と養護に関すること			(1)保有する感覚の活用に関すること	(1)姿勢と運動・動作の基本技能に関すること	

選定した項目を関連付けて具体的な指導内容を設定	②　具体的な指導内容を設定する段階			
^	（ア）あぐら座位保持しながら右腕を伸ばしたり、キャッチボールをしたりする。	（イ）ブランコの揺れの中で立ち直ったり、ロープを握りしめたりする。	（ウ）ロールの上で腹ばいになり、腕で上体を支える。	（エ）肘ばいで次の遊具まで移動する。
手立て・配慮事項	・ボールを右上方に提示してとらせ、正中を越えて左上方に腕や体側を伸ばすようにする。 ・キャッチボールで体が傾いたときは、ちょうどよい位置まで起こすように教師が手本を示す。	・揺れを途中で止め、傾きに対して重心を移動させたり、ロープを握って姿勢を保持させたりする。	・好きな曲が流れる間、両手のひらを床につかせ、腕を伸展させて上体を支える姿勢を保持させる。	・手のひらで床を押して進むことを意識できるように手のひらを着くように促す。 ＊あぐら座位から側臥位への変換の仕方を一つ一つ動きを確認しながら行わせる。下肢の位置を見るように促してから位置を整える。
指導場面	自立活動	自立活動	自立活動	自立活動

127

4 成果（児童Aの変容）

◆指導内容（ア）について

（ア）あぐら座位保持しながら右腕を伸ばしたり、キャッチボールをしたりする。

←コルセットあり（4月）
コルセットなし（7月）→

　指導当初は骨盤が前傾し、頭部を後屈した状態であぐら座位を保持していましたが、体幹を起したあぐら座位を15分程度保持し、バランスを崩さずに両手操作ができるようになりました。

◆指導内容（イ）について

（イ）ブランコの揺れの中で立ち直ったり、ロープを握りしめたりする。
　ロープを両手で握って揺れや傾きに対して立ち直ったり、ボールを手渡すと左手でロープを握ってバランスをとりながら右手でボールをかごに投げたりすることができました。

◆指導内容（ウ）について

（ウ）ロールの上で腹ばいになり、腕で上体を支える。

（7月）両腕で上体を支える様子

（7月）ロールを前後に揺らしても支えられるようになった。

　指導当初は右肘を反張させて上体を支え1分程度保持することで精一杯でしたが、両肘を軽く曲げ、腕の力で3分以上保持することができるようになりました。また、両腕で支えて尻を浮かせ、あぐら座位で方向転換できるようになりました。

◆指導内容（エ）について

（エ）肘ばいで次の遊具まで移動する。

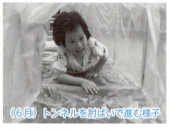  

（6月）トンネルを肘ばいで進む様子

（7月）腕の力でロールによじ登ろうとする様子

（7月）両腕で支えてお尻を浮かせ、後方に下がる様子

　指導当初は右手の甲を床につくことがありましたが、手のひらで床を押して前に進むようになり、手のひらや腕をロールにのせて上体を腕の力で持ち上げる力が付いてきました。

20 姿勢の保持・肘ばいから「かく」ことにつなぐ

*指導内容（エ）の発展内容について

あぐら座位から仰臥位へ、仰臥位から寝返りをして肘ばいへの姿勢変換

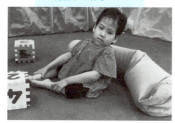

（7月）
足首をもってゆっくり倒れながら後方の安全を確認する様子

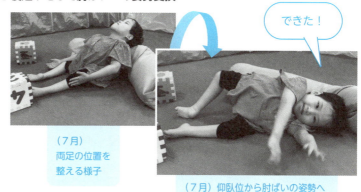

（7月）
両足の位置を整える様子

できた！

（7月）仰臥位から肘ばいの姿勢へ

　後方にクッションがあることを確認し、足首を持ってゆっくり後方に倒れ、頭部がクッションについたら両腕でクッションを押し上げて仰臥位になることができました。言葉を掛けると両手で屈曲した膝を伸ばしてから寝返りをして、肘ばい姿勢をとることができつつあります。
　現時点では骨折等のリスクがあるので、一つ一つの動きを確実で安全に行うことを継続して指導していく予定です。
　これらの力は床面での自力移動や将来車いすに腕の力で移乗するための力につながると考えています。

5 まとめ

　あぐら座位が安定し、体幹の力や軸ができたことや腕で体重を支える力が身に付いてきたことで、座位保持椅子に座って行う机上の学習にも変容が見られました。

　反らせがちだった頭部を前屈させて机上の物を見たり、両手操作をしたりすることができるようになってきました。

　また、明らかに筆圧が強くなってきました。思うように線を書けることが、「かく」ことへの意欲につながり、比較的苦手としていた形や絵を描くことへの意欲にもつながっています。

　あらゆる運動・動作の基礎となる自立活動の時間の指導をスモールステップで取り組んでいくことで身に付いた力が、教科学習の基盤になっていることを実感しています。

授業力向上シート 自立活動の部

長崎県立諫早東特別支援学校　教諭　大町　美緒

対象学部・学年	小学部・1年	教育課程	知的代替の課程

個別の目標に迫る自立活動の内容

区分・項目	身体の動き（1）姿勢と運動・動作の基本的技能に関すること 環境の把握（1）保有する感覚の活用に関すること 健康の保持（3）身体各部の状態の理解と養護に関すること
内容設定の手続き	健康の保持（3）、環境の把握（1）、身体の動き（1）の項目を関連付け、（ア）～（エ）の指導内容を設定した。

単元名	集団の人数	指導時数
姿勢の保持と安全な肘ばい移動	1名	週6時間

単元の目標	・あぐら座位で身体が傾いたときに立ち直ったり、手のひらを着いて支えたりすることができる。 ・足の位置を見て整え、腕の力で安全に室内を移動できる。
方法	・あぐら座位を保持しながら両手で物を操作をする。 ・ロープを持ってブランコの揺れの中で体幹を保持したり、頭部の位置を適切に保ったりする。 ・肘ばいでロールまで進み、ロールの上で腹ばいになり、両腕で上体を支える。
成果・課題	・あぐら座位が安定し、体幹の力や軸ができ腕で体重を支える力が付いた。 ・座位保持椅子に座って行う机上の学習では、反らせがちだった頭部を前屈させて机上の物を見たり、両手操作をしたりすることができるようになった。 ・運動・動作の基礎となる自立活動の時間の指導をスモールステップで取り組むことで身に付いた力が、教科学習の基盤になっている。
他教科等との関連	腕の力強さが増したことで、国語のなぞり書きの筆圧が強くなった。思うように線を書けることが「かく」ことへの意欲につながり、図画工作で絵を描くことへの意欲も高まってきている。

識者コメント

　同校は、施設隣接校であることを最大限に生かす指導形態や連携のシステムを構築し、医療関係職種との連携のもとで、丁寧に子どもたちへの指導に当たっておられます。本報告は、それらの連携のもと、特に運動発達における最近接領域を踏まえた確かな指導実践の積み重ねが伝わってくる内容だと感じました。一方で、自立活動の成果を各教科に生かす方向性だけでなく、教科指導の中で捉えられた自立活動との関連や、生活の中での困難さを踏まえた課題の捉え、指導の取組の実際等についても、あらためて聞かせていただきたいと感じました。

（徳永　亜希雄）

自立活動の部 | 小学部 | 自立活動

21 肢体不自由のある重複障害児への プール学習
～自立活動の視点からの実践～

鹿児島県立鹿児島南特別支援学校　教諭　森田　哲也

Keywords ①肢体不自由　②重複障害　③身体の動き　④プール学習

1 はじめに

　肢体不自由のある重複障害児は、日常生活において姿勢保持、姿勢変換、移動が困難だったり、身体各部位の筋緊張が強かったりすることから、身体を動かす機会が制限され、関節の拘縮や変形が生じることがあります。

　そこで、本校小学部の重複障害課程の各学級では、自立活動の時間に個々の課題に応じて、自分の身体に意識を向け、姿勢保持や上肢・下肢を動かしたりできるように促したり、身体各部位の筋緊張を弛めたりする活動等を継続して進めています。

　これらの活動に関連して、1学期の6月上旬から7月中旬までの7週間において自立活動のプール学習も行っています。本校（2023年4月開校）は、児童生徒数が合計372人の知肢併置校であるために、この期間において小学部の重複障害課程1～6年生29人（自立活動を主とした課程23人、教科別の指導も行う課程6人）には、プール学習の時間が週1回2コマ割り当てられています。実際の指導に当たっては、担当教師の話し合いにより、安全・安心な指導や児童に寄り添いながらじっくりと個々の目標に応じた指導ができると考えられる児童数と教師数から、29人を4グループに分け、1グループ7人程度を2週間に1回実質の入水時間として30分間指導する計画にしました（1週に2グループ実施）。

　また、担当教師によって特別支援学校や重複障害課程の指導経験の差があるため、プール学習前に、自立活動におけるプール学習の意義と指導方法についての事前研修を自立活動専任が行い、実際の指導場面では自立活動専任2人が授業をリードし、担当教師は個々に応じた指導に取り組む中で、自立活動専任と担当教師が連携協力して授業を進めるようにしました。

　本実践では、一人一人の自立活動の個別の指導計画における身体の動きを中心とした目標を踏まえ、一連の学習活動をベースとした中で、個々に応じた指導を展開していくことと、指導を通して担当教師の指導方法の理解と向上を目指すことを目的としました。

　このような指導によって、以下の①、②のような指導の効果が、より期待できるのではないかと考え、実践に取り組みました。

期待される指導の効果	①筋緊張のある児童は、プール学習でリラクゼーションの活動を取り入れることで、筋緊張を弛め、関節の拘縮と変形の予防、筋肉や関節の動きによって生じる自分の身体への意識や感覚の活用を促すことができるのではないか。 ②歩行が不安定な児童は、水の特性を活かして身体各部位を活発に動かすことで、運動・動作の基本的な動きを育むことができるのではないか。

2 実践

　個々の自立活動の目標達成のために、学習活動の前半5～9で指導の見取りと評価を行い、後半10－ア、10－イで一連の学習活動の中から中心的な活動を選択し、前半の指導を踏まえて重点的な指導と評価に取り組むようにしました。また、個々の指導目標によって、学習活動4の後は10－イに進み、その中から中心的な活動を選択して指導をしました。

自立活動専任としての全体的な指導のねらい	○水温や水圧の心地良さを感じながら筋緊張を弛め、リラクゼーションができるようにする。 ○水の浮力を利用して、関節や筋肉に掛かる負担が少ない中で、身体をたくさん動かし、様々な動きや身体の使い方が経験できるようにする。

学習活動	指導のねらいと方法	活動写真とイラスト
1 始めの挨拶をする。 2 活動について知る。 3 準備運動とシャワー 4 プールで身体に水を掛ける。	・マットに座り、姿勢は個々に対応する。 ・準備運動では、関節の可動域をゆっくりと広げるようにする。 ・対話をしながら心臓に遠い部分から優しく少しずつ水を掛ける。	
5 対面で抱っこされて入水し、水に慣れる。 大プール	・水中のプールデッキの上でゆっくりと入水する。次にデッキ下まで降りる。 ・安心して活動できるように対面で入水し、しばらく移動しながら水に慣れる。 ・対話をしながら表情の変化を見取る。	対話も大切
6 上下アップダウン 大プール	・水圧を感じられるようにゆっくりと身体を上下に動かす。肩まで沈むことで、呼吸機能の向上を促す。 ・首のコントロールが困難な児童は、背中側から掴んで頭を肩にのせる。 ・表情や身体の細かい動きの変化を見取る。	上下に動かす
7 立位スウィング 大プール	・脇下を両手で掴み、水の抵抗を利用して身体を左右にゆっくりと動かしながら、脊柱の関節の動きと側腹部の伸張の動きを促し、筋緊張を弛める。 ・身体の細かい動きや弛緩の変化を見取る。	左右に動かす

21 肢体不自由のある重複障害児へのプール学習

8　伏し浮き 　[大プール] ①直進 ②左右スウィング	・肩に児童の頭をのせ、膝の伸張を促してゆっくりと進む。 ・②では、7立位スウィングと同じ要領で身体が左右にしなるようにゆっくりと促し、身体の細かい動きや弛緩の変化を見取る。	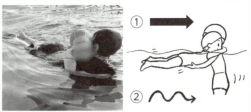	
9　背浮き 　[大プール] ①直進 ②左右スウィング	・膝は軽く屈曲した状態でゆっくりと進む。 ・②では、7立位スウィングと同じ要領で身体が左右にしなるようにゆっくりと促し、身体の細かい動きや弛緩の変化を見取る。	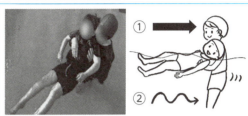	
10-ア　個々に応じた重点的な指導 　[大プール] ○補助具なし ○フロートクッションやスイミングバー、浮輪などを使って カニューレ装用児は、簡易プールで腹部まで水に浸かり、関節の可動域を広げる。	・個々に応じた重点的な指導を行う。 ・筋緊張が弛むように時間をかけて、ゆっくりとリラクゼーションに取り組む。 ・首の後方と背中を手で支え、その場で浮いたり、ゆっくりと進んだりする。 ・児童に合わせて、補助具を使い、フロートクッションを首に巻いたり、腰や膝下にスイミングバーを入れたりして調整し、筋緊張が弛むように促す。 ・身体の細かい動きや弛緩の変化を見取り、評価する。	 	エアレックスマットの二つ折り、ライフジャケット、アームリングも活用できます。 
10-イ　個々に応じた重点的な指導 　[小プール（浅い）] ○水中立位 ○手つなぎ歩行、手すりのつかまり歩行 ○水中歩行 ○ワニ歩き ○フープ ○ボール拾い、魚拾い 　[大プール] ○壁けのび ○浮輪 ○スイミングバーを握って	・個々に応じた重点的な指導を行う。 ・水の浮力と教具を利用して、身体をたくさん動かし、様々な動きや身体の使い方が経験できるように促す。 ・水中立位では、一人で立位する時間を少しずつ長くする。 ・歩行では、横歩きや後ろ歩きも行う。 ・ワニ歩きやフープくぐりを通して、腕と脚の支持性と移動によるバランス力を促す。 ・ボール拾いと魚拾いでは、立位または膝立ちでの移動バランスや身体の使い方を促す。 ・浮輪を使って、児童の主体的な上肢・下肢の動きを促す。（浮輪1、2） ・身体の細かい動きの変化や主体的な動きを見取り、評価する。	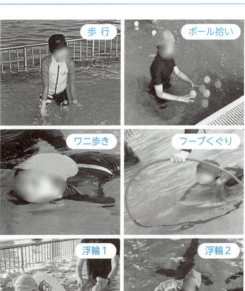	
11　終わりの挨拶をする。			

3 まとめ

　自立活動の個別の指導計画の目標を踏まえ、右凸側弯があって身体各部位の筋緊張を弛めることが課題の児童は、立位スウィングと伏し浮き、背浮きを中心に、水の抵抗を活用して身体をゆっくりと左右にスウィングする活動に取り組むことで、側弯のある体幹部分と身体全体の筋緊張を自分から徐々に弛めることができるようになりました。四つ這い移動が課題の児童は、魚拾いやフープくぐりの活動に取り組み、ワニ歩きで積極的に上肢・下肢を動かして、腕と脚の支持性と移動バランスの調整をすることができるようになりました。「2実践」に示したように、水慣れ、上下アップダウン、立位スウィング、伏し浮き、背浮き、個々に応じた重点的な指導という一連の学習活動に沿って、「水圧を活用して呼吸機能の向上を促す」、「立位から水に浮かび脊柱の関節の動きと側腹部の伸張を促す」、「個々の課題を通して身体の緊張部位の弛緩やリラクゼーションができるように促す」、または「個々の課題を通して様々な動きや身体の使い方ができるように促す」という各活動の指導のねらいと方法を自立活動専任が示し、実際の指導場面では部分的に担当教師と交代し、自立活動専任が個々の目標に応じた具体的な指導モデルと細かい身体の動きの変化や主体的な動きの見取り、評価の仕方についても示しながら指導の支援をしました。その結果、担当教師は具体的にどのような指導をすればよいのかが分かり、一人一人に応じて設定した自立活動の個別の指導計画の目標を踏まえて、個々に応じた具体的な指導をより明確にしながら取り組むことができました。また、指導過程における見取りと評価については、次時の指導に生かしたり、教室での身体の動きを中心とした自立活動の指導と関連付けたりして実践を進めることができました。

　このような指導を通して、肢体不自由のある重複障害児にとって、プール学習はより教育的な効果があり、「リラクゼーションによる筋緊張の軽減や身体の拘縮・変形の予防」、「動作バランスの協調性や身体の使い方の拡大」、「自分の身体への意識や感覚の向上」、「身体を動かすことへの意欲」などを育むことができるのではないかと考えます。実施回数については十分とは言えず、児童生徒数の多い本校では、学習期間と時間割の設定で改善が必要であることが分かりました。今後、プール学習における自立活動の教育的効果と継続性を考え、再考したいと思います。さらに、重複障害課程の児童における障害状態等の多様化を踏まえると、カリキュラム・マネジメントの観点から個々の実態と学習評価に基づき、自立活動を主とした課程の教科の取り扱いについても検討していきたいと考えます。

●協力
イラスト（渕上彩香教諭）
自立活動専任（安達真由美教諭、有島俊也教諭）
小学部重複障害課程の担当教師

授業力向上シート 自立活動の部

鹿児島県立鹿児島南特別支援学校　教諭　森田　哲也

対象学部・学年	小学部・1～6年	教育課程	自立活動を主とする課程

個別の目標に迫る自立活動の内容

区分・項目	身体の動き（1）姿勢と運動・動作の基本的技能に関すること 環境の把握（1）保有する感覚の活用に関すること 健康の保持（5）健康状態の維持・改善に関すること
内容設定の手続き	保護者との話し合いや外部専門家（ST、PT、OT、医師、福祉等）からの情報、個別の教育支援計画、教師の実態把握をもとに、課題の整理・焦点化を行い、自立活動も含めた個別の指導計画を作成している。 各学期において、学年ごとに個々の個別の指導計画の指導・改善についての話し合いを行っている。

単元名	集団の人数	指導時数
自立活動「プール学習」	1グループ7人程度×4グループ、計29名	1グループが2週間に1回30分間（1週に2グループ実施） 6月上旬～7月中旬までの7週間

単元の目標	（自立活動専任としての全体的な指導のねらい） ・水温や水圧の心地よさを感じながら筋緊張を弛め、リラクゼーションをすることができるようにする。 ・水の浮力を利用して、関節や筋肉に掛かる負担が少ない中で、身体をたくさん動かし、様々な動きや身体の使い方を経験できるようにする。 （自立活動の目標） ・自立活動の個別の指導計画に基づく、身体の動きを中心とした個々の指導目標（29人）。
方法	・プール学習における姿勢と運動・動作の基本的な技能の改善及び習得を中心とした指導を通して、担当教師の個々の目標に応じた具体的な指導方法の理解と向上を目指し、自立活動専任としての役割と自立活動の指導における課題について検証する。
成果・課題	・自立活動専任が、事前研修の実施や一連の各学習活動におけるねらいと方法を示すことで、担当教師の指導方法の理解と向上を図ることができた。今後も一連の学習活動をベースに工夫・改善し、活用していきたい。 ・自立活動専任が、個々の目標に応じた具体的な指導方法をモデルとして実際に示すことで、担当教師は個々に応じた指導目標を明確にして指導に取り組み、児童の指導において成果を得ることができた。 ・指導過程における見取りと評価における指導改善の取組、関連した学習への関連付けた実践。 ・プール学習の期間と時間割については改善、再考。 ・カリキュラム・マネジメントの観点からの自立活動を主とした課程の教科の取り扱いの検討。
他教科等との関連	

識者コメント

　肢体不自由教育においては、名称は様々ですが昔から水の浮力や水圧等を生かした指導が展開されています。しかし、学校の施設設備の状況や天候等によっては指導機会が限られ、指導に必要なスキルが継承されにくいケースもあります。本事例では、児童が主体的・意欲的に取り組む姿とともに、指導の成果を看取することができました。多様な教職経験の教師が役割を分担しながら、児童一人一人の実態に応じた指導を展開していくには、本事例のように自立活動専任教師のような立場の役割が重要であり、OJTや研修の詳細をさらに知りたくなりました。　　　　（北川　貴章）

自立活動の部 | 小学部 | 自立活動

22 外部専門家との連携を生かした自立活動の取組
～障害の状態等の正しい理解と教師の専門性向上を目指して～

鹿児島県立鹿児島特別支援学校　教諭　田中　麻友子

Keywords ①重複障害　②外部専門家(PT・OT・ST・摂食指導に関わる医師)　③評価・改善　④連携 継続的な関わり

1 背景

　本校は、肢体不自由者と知的障害者を対象とした特別支援学校です。全校児童生徒371人のうち、肢体不自由と知的障害等、複数の障害を併せ有する児童生徒が67人在籍し、全体の18％を占めています。児童生徒の実態に応じたきめ細やかな指導が求められる中、本校では、個々の児童生徒に対する自立活動の指導内容を検討し、個別の指導計画を作成・実施しています。その際、関係機関から理学療法士・作業療法士・言語聴覚士・摂食指導に関わる医師（以下、摂食指導医）に定期的に来校いただき、授業等を参観いただくとともに、関係者による話し合いをもつことで、その評価・改善を図っています。

　具体的には、理学療法士に年4回、作業療法士に年4回、言語聴覚士に年2回の指導を受けており、摂食指導医による巡回相談を年6回実施しています。その際、中心的に関わる児童生徒を抽出し、年間を通して継続的に支援していただいています。

2 方法

　本校が行っている外部専門家との連携は、児童生徒の障害の状態等の正しい理解や教師の専門性向上を図り、授業づくりに生かすことを目的としています。個別の指導計画を基に指導に取り組む中で、実際に授業を参観していただいたり、児童生徒を直接指導していただいたりして、課題となっていることや次のステップに迷うことなどを解決しています。

図1　外部専門家との連携の流れ図

　具体的な流れは、児童生徒の希望調査を行い、年間を通して指導していただく対象児童生徒を検討・決定します。この際、リハビリの有無やこれまで対象になっていたかどうか、担任から挙げられた課題の内容などを参考にします。対象児童生徒については、課題や相談したい内容の一覧（図2）を作成し、個別の教育支援計画や個別の指導計画も併せて提示することで外部専門家との情報共有を行います。来校時は、事前打合せとして対象児童生徒の実態や課題について、共通理解した

上で、実際に授業を参観していただき、外部専門家の指導場面に立ち会うことで、具体的な関わりを直接見たり、教師の関わりを見ていただいたりしています。参観後は、指導内容等について、カンファレンスを行い、対象児童生徒の課題や今後の方針等についてのまとめを行います。さらに助言を受けたことを実践し、次回、経過を見ていただくことで、対象児童生徒の変容を共有し、関わりの評価や改善等を行い、さらなる実践につなげています。参観・指導時は動画撮影を行い、記録（図3）と併せて教師間で共有し、指導に生かしたり、経過や変容も確認したりできるようにしています。

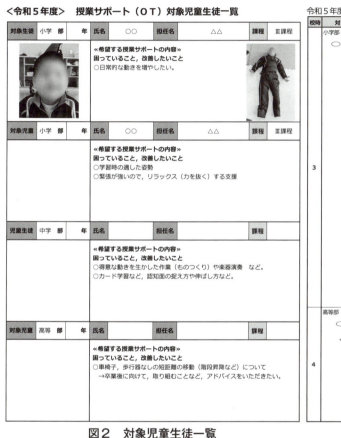

図2　対象児童生徒一覧

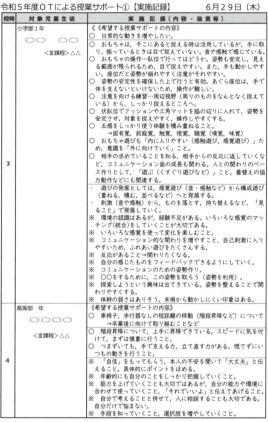

図3　来校時の指導・助言記録

3 実践例

（1）児童の実態

　肢体不自由と知的障害の障害を併せ有する小学部2年生の児童に対して、以下のように実態を捉えました。

- 不安定ながらあぐら座位をとることができ、欲しいものに手を伸ばす様子や手に取る様子が見られる。また、寝返りで移動することができるが、四つばい位や膝立ち位などを保持することは難しい。
- ものや人の注視や追視はまだ難しいが気になるものに視線を送ることができる。
- 一部手づかみで食べるが、食材の認知や取り込み、咀しゃくが十分でない。

（2）指導目標の設定と指導の手立て

児童の実態に基づき、指導目標を設定するとともに指導の手立てを考え、実践しました（表1）。

表1　指導目標の設定と指導の手立て

目標	・四つばい位や座位、膝立ち位など、様々な姿勢を経験し、これらの姿勢を保持したり、次の動作につなげたりすることができる。
手立て	・教師の支援を受けながら、あぐら座位で骨盤を起こし、背中を伸ばす。 ・四つばい位に取り組み、体幹を意識したり、自重を支えたりする。 ・遊具（ボール）を支えに、膝立ち位で縦に体重を支える課題に取り組む。
目標	・視覚でものを捉えたり、捉えたものを操作したりするなど、遊びの幅を広げる。
手立て	・目的物を目で捉えたり、手を伸ばしたりできるよう、視覚で捉えやすい位置、つかみやすい距離に提示する。 ・教師の関わりや音などの刺激を受けて、手に持った玩具を見る、振る、離すなどの動きを引き出す。
目標	・食材を目で捉え、手でつかんで口に運ぶ一連の流れをつかみ、自食経験を積むことができる。
手立て	・摂食指導医の助言を活用し、本児に適した食形態を提供する。 ・食材をつかみやすい形状にする。また、目の前に提示することで、視覚で捉えやすいようにする。 ・口腔マッサージや噛む動きを引き出すための間接指導を実施する。

（3）外部専門家との関わりによる指導の工夫

外部専門家から得られた助言に基づき、指導の工夫を行いました（図4）。

【外部専門家からの助言等】　　　　　　　　　【指導の工夫】

- 体幹の弱さがうかがわれ、末梢の動かしにくさがありそうである。臥位や座位保持椅子の使用など、姿勢を安定させることで、上肢の動きを引き出すようにする必要がある。

→

- 手指操作について、臥位や座位保持椅子を使用し、姿勢が安定した状態で目的物の提示を行うようにした。

- 周辺視野で周囲のものをなんとなく捉えている状態である。まずは姿勢を仰臥位にするなど視野や刺激を制限し、注視しやすい環境を設定し、見たら渡す、音などの刺激を利用して見るようにするなど、外的世界とのつながりを作るようにする必要がある。

→

- 安定した姿勢で、教師の働きかけを取り入れたコミュニケーションをより意識した、ものの提示や注視の促しを行うようにした。
- 環境を整えることで、主体的な動きを引き出すようにした。

- かじり取りを継続して行い、口唇と前歯を使った食材の認知を高める必要がある。
- 手づかみ食べを行い、食材を目で捉えたり、口に入れる際の安全な位置を経験したりする必要がある。
- 手づかみ食べを行うことで、主体的にものに関わる力を高める必要がある。

→

- かじり取りを継続した。
- 食材をつかみやすい大きさや形状にし、目で捉え、自らつかみやすい位置に提示しました。また、手づかみ食べを通して手と口の距離感を感じられるようにし、口に入れる際に教師が適切な位置を示すようにした。

図4　外部専門家の助言等と指導の工夫

(4) 児童の変容

　外部専門家と連携し、指導を工夫することで、教師の働きかけに応じ、あぐら座位で骨盤を起こしたり、四つばい位で自重を支えたりする姿勢を保持する姿が増えました。また、安定した座位での手指操作を継続したことで、目的物に手を伸ばすことが増えるなど上肢の運動を促しやすくなってきました。さらに、姿勢が安定することで、視覚を活用する姿が増え、注視や追視の持続ができるようになってきました。摂食面でも、食材を目で捉えて自ら手を伸ばし、スムーズに口に運ぶことができています。

4 成果と課題

(1) 成果

　外部専門家との連携により、日頃教師が抱えている悩みや児童生徒の課題に対して、専門的な見地から助言をいただくことで、根拠を明確に児童生徒に関わることができています。また、そのことは、児童生徒の正しい理解や教師一人一人の専門性の向上にもつながり、対象児童生徒だけでなく、他の児童生徒の指導・支援についても充実させることができています。

　例えば、ある児童生徒に関しては、段階的に動作の発達を経験することで、支持がある状態で立位姿勢を取ることができるようになり、保持時間も長くなりました。摂食に関して、間接指導の継続で咀しゃくの感覚になれつつ、かじり取りや口唇閉鎖の促しなどの適切な摂食介助により口唇や前歯で食材をしっかり認知することで、咀しゃくの動きが出てくるなど、口腔機能の発達が見られました。

　また、この取組を継続していくことで、小学部から高等部へといった児童生徒の長期的な変容を捉えることにもつながっています。関係する教師が経過も含めて児童生徒の成長や必要な関わり等を引き継ぎ、話題にできる環境がつくられていると感じています。

(2) 課題

　外部専門家との連携は、専門的な知識や支援を得ることができますが、その知識や支援を教育的な視点に落とし込み、実践を続けていくことが必要だと考えます。また、外部専門家との連携には量的な制約もあるため、このことを踏まえた上で、支援を重点的に受けているケースから得られた情報を共有し、多くの児童生徒に還元できるように取り組んでいかなければなりません。

　今後は、これまで学校として築いてきた関係機関とのつながりを大切にするとともに、児童生徒一人一人に対するよりよい関わりを引き継ぎ、評価・改善していくことで、教師自身の授業力を更に向上させ、次に伝えていけるように努めたいと考えます。

授業力向上シート　自立活動の部

鹿児島県立鹿児島特別支援学校　教諭　田中　麻友子

対象学部・学年	小学部・2年	教育課程	自立活動を主とする課程

個別の目標に迫る自立活動の内容

区分・項目	身体の動き（1）姿勢と運動・動作の基本的技能に関すること 健康の保持（1）生活のリズムや生活習慣の形成に関すること
内容設定の手続き	・様々な姿勢や遊びを経験し、身体の機能の維持・改善・獲得に取り組むとともに、姿勢の安定や上肢の動き、注視などを高めることで食事に関する機能を伸ばしたり、健康を保持したりすることにつなげ、生活習慣や生活環境の形成を図る。 ・個々の児童生徒に対する自立活動の指導内容を検討し、個別の指導計画を作成・実施するに当たり、外部専門家に授業等を参観いただくとともに、関係者による話し合いをもつことで、その評価・改善を図る。

単元名	集団の人数	指導時数
――	――	――

単元の目標	・四つばい位、膝立ち位など様々な姿勢を経験し、これらの姿勢を保持したり、次の動作につなげたりする。 ・視覚でものを捉えたり、捉えたものを操作するなど、遊びの幅を広げる。 ・食材を手でつかみ、口に運ぶ動作を身に付ける。
方法	・教師の支援や装具等を使用し、四つばい位や座位、膝立ち位、立位など、様々な姿勢を経験する。 ・好きな玩具や食材など、興味・関心の高いものを手掛かりに注視を促す。また、つかみやすい形状や捉えやすい提示を行う。 ・外部専門家の授業参観や具体的な支援方法の提案を基に、評価・改善等を行う。
成果・課題	・四つばい位は徐々に支援を減らすことで、保持の時間が長くなってきた。遊具（ボール等）を使用した膝立ち位を保持することができるようになってきた。 ・姿勢が安定することで、上肢の運動を促しやすくなり、主体的にものに手を伸ばす姿が増えた。また、視覚を活用する姿が増え、注視や追視の持続ができるようになってきた。 ・授業での具体的な助言等により、課題解決の糸口や次の指導方向性などを得ることができた。また、動画や記録を引き継ぐことで、指導を継続することができた。
他教科等との関連	日常生活の指導（朝の会）での椅子座位の安定や教師の提示（カードや挙手、音声等）に注視したり、手を伸ばしたり、発声で応じたりする動きにつながっている。

識者コメント

　本報告では、外部専門家との連携について、単発的に終わるのではなく、組織的かつ継続的な連携の仕組みを整え、教師間の共有、得られた助言内容等の日々の指導への確実な活用等を進めようとする取組が展開されています。一方で、学校教育の立場から、どのように外部専門家による助言内容等を解釈し、一人一人の育ちを見据えて指導に生かされたのか、また外部専門家に対しても、どのようにフィードバックして双方向性のある連携システムとされたのかについても教えていただけると、より読者の皆さんの参考になると感じました。

（徳永　亜希雄）

監修・編集協力・編集委員一覧　　　　　　　　　　　　　　　　　（令和6年度）

監修

菅野　和彦　　文部科学省初等中等教育局　視学官
　　　　　　　（併）特別支援教育課特別支援教育調査官

編集協力

吉川　知夫　　国立特別支援教育総合研究所　上席総括研究員（兼）研修事業部長
長沼　俊夫　　日本体育大学　教授

川間健之介　　筑波大学　教授・筑波大学附属大塚特別支援学校長
下山　直人　　元 筑波大学　教授・元 筑波大学附属桐が丘特別支援学校長
徳永亜希雄　　横浜国立大学　教授
北川　貴章　　文教大学　准教授
杉林　寛仁　　国立特別支援教育総合研究所　研修事業部　主任研究員
藤本　圭司　　国立特別支援教育総合研究所　研修事業部　主任研究員
織田　晃嘉　　国立特別支援教育総合研究所　情報・支援部　主任研究員

編集委員

島添　　聡　　全国特別支援学校肢体不自由教育校長会　会長
　　　　　　　東京都立光明学園　統括校長

伴　　光明　　全国特別支援学校肢体不自由教育校長会（編集総括）
　　　　　　　東京都立あきる野学園　統括校長

田村康二朗　　全国特別支援学校肢体不自由教育校長会
　　　　　　　東京都立墨東特別支援学校長

阿部　智子　　全国特別支援学校肢体不自由教育校長会
　　　　　　　東京都立村山特別支援学校長

鈴木　　愛　　全国特別支援学校肢体不自由教育校長会
　　　　　　　東京都立小平特別支援学校長

西村　孝法　　全国特別支援学校肢体不自由教育校長会
　　　　　　　東京都立八王子東特別支援学校長

濱野　建児　　全国特別支援学校肢体不自由教育校長会
　　　　　　　東京都立城南特別支援学校長

執筆者一覧 　　　　　　　　　　　　　　　　　　　　　　（令和6年度）

巻頭のことば
　　島添　　聡　　全国特別支援学校肢体不自由教育校長会　会長

第1部　理論及び解説編
1　菅野　和彦　　文部科学省初等中等教育局　視学官
　　　　　　　　（併）特別支援教育課特別支援教育調査官
2　吉川　知夫　　国立特別支援教育総合研究所　上席総括研究員（兼）研修事業部長
3　長沼　俊夫　　日本体育大学　教授

第2部　実践編
【教科指導の部】
1　伏見　佑太　　茨城県立下妻特別支援学校　教諭
2　米本　和弘　　千葉県立銚子特別支援学校　教諭
3　青栁　憲充　　埼玉県立越谷特別支援学校　教諭
4　神谷　幸彦　　埼玉県立和光特別支援学校　教諭
5　吉田　光伸　　東京都立光明学園　主任教諭
6　飯田　万裕　　東京都立光明学園　主任教諭
7　赤松　亜希　　東京都立光明学園　主任教諭
8　椎名　久乃　　東京都立小平特別支援学校　指導教諭
9　髙塚　健二　　東京都立墨東特別支援学校　主任教諭
10　宇都宮香織　　東京都立志村学園　主任教諭
11　窪田　瑞生　　山梨県立甲府支援学校　教諭
12　野畑万里子　　富山県立富山総合支援学校　教諭
13　奥村　健介　　島根県立松江清心養護学校　教諭

【自立活動の部】
14　矢吹　恭子　　福島県立郡山支援学校　教諭
15　岡田　奈美　　筑波大学附属桐が丘特別支援学校　教諭
16　村主　光子　　筑波大学附属桐が丘特別支援学校　教諭
17　上村　好美　　富山県立高志支援学校　教諭
18　高木美保子　　静岡県立中央特別支援学校　教諭
19　桑野　健次　　島根県立江津清和養護学校　教諭
　　塩塚　恵太　　島根県立江津清和養護学校　教諭
20　大町　美緒　　長崎県立諫早東特別支援学校　教諭
21　森田　哲也　　鹿児島県立鹿児島南特別支援学校　教諭
22　田中麻友子　　鹿児島県立鹿児島特別支援学校　教諭

肢体不自由教育実践　授業力向上シリーズNo.12
「肢体不自由のある児童生徒のための授業」を究める

令和6年11月8日　第1版第1刷発行
令和7年1月23日　　　　　第2刷発行

監　修	菅野 和彦（かんの かずひこ）
編　著	全国特別支援学校肢体不自由教育校長会
発行人	加藤 勝博
発行所	株式会社ジアース教育新社
	〒101-0054　東京都千代田区神田錦町1-23　宗保第2ビル
	TEL　03-5282-7183　　FAX　03-5282-7892
	URL　https://www.kyoikushinsha.co.jp/

表紙デザイン	宇都宮 政一
本文デザイン	株式会社彩流工房
印刷・製本	アサガミプレスセンター株式会社

Printed in Japan

ISBN978-4-86371-705-3
○定価は表紙に表示してあります。
○乱丁・落丁はお取り替えいたします。（禁無断転載）